日本ナショナリズムの解読

子安宣邦・著

白澤社

はじめに

　日本ナショナリズムの解読という作業をするにあたって、私はナショナリズムとは何かをまず定義することから始めようとは思いません。ナショナリズムという言葉は、もちろんネイションなり、ネイション・ステイトという言葉と不可分です。そしてそれらはすべて近代ヨーロッパに成立する概念です。これらの概念を日本語で定義するということは、ヨーロッパにおけるそれらの概念の成立過程を追いながら、日本語（漢語）に類似語を求め、あるいは新語を造りつつ、翻訳的に再構成する作業にならざるをえません。

　一例を挙げてみましょう。昭和九年（一九三四）刊の『国民政治辞典』（今中次麿監修、非凡閣発行）における「ナショナリズム」の項はこう説かれています。「国民主義と訳し、国際主義なるインタナショナリズムに相対立する国家主義思想を云う。国民主義は民族意識を基調とする民族主義であり、それは自己民族の保存と発展を希求するところの排外主義思想でもある。その事はまた、侵略主義を是認する愛国主義ともなる」。これはナショナリズムについての簡潔で、しかもイデオロギーとしての性格や展開の様態までも包括したよい定義であるといえます。しかしこの包括的な定義は、ナショナリズムの訳語のすべてを使うことによるものなのです。すなわちナショナリズムとは国民主義であり、国家主義であり、民族主義であり、また愛国主義でもあるのです。

＊

また政治学者の岡本清一がナショナリズムをこう定義しています。「われわれが、今日、直観的にとらえているナショナリズムは、民族主義と国家主義という本来、区別さるべき二つの概念が、重複したものであって、少なくともそれは、一六世紀以降の西欧において形成された民族国家の立場、もしくは一つの国家にまで組織されようとする民族の心情的な歴史的要請をうけて成り立った近代思考範疇に入る思想であると解される。」(『ナショナリズムの論理』ミネルヴァ書房、一九六六)。ナショナリズムとは、近代の民族国家を前提にした民族主義が同時に国家主義であるような、「一つの国家にまで組織されようとする民族の心情的な歴史的要請をうけて」成立する、近代的な思考範疇に属する概念だと岡本はいうのです。

このナショナリズムの定義は、国家と一体化しようとする、または国家への心情的な強い統合をもたらすような集団的な契機としての「民族」という概念と、その成立を前提にしています。岡本はこの「民族」について、「民族という概念は、一つの極限的性格をもった概念である。それは民族が一つの小宇宙として、局限的に自己を他から峻別して存在し、もしくは存在しようとする強い衝動をもっていることに理由がある」ともいっています。こうした「民族」概念、あるいは国家の統合的イデオロギーとしての民族主義は、歴史的にもナショナリズムを構成してきたもっとも重要な契機です。

＊

ところでこの「民族」の概念は、ただエスニックな契機によってではなく、強い集合力をもった歴史心理的な契機によっても規定されるものです。その歴史心理的な契機として言語や宗教、そして文化の同一性があるでしょうし、また神話や歴史的記憶の集団的共有もあるでしょう。こうした契機による強い排他的な集合性をもった「民族」概念は、決して古く形成されたものではありません。むしろこれは近代国家を新たに語り出すために造り出された概念といってもいいものなのです。

日本における近代的概念のほとんどは、ヨーロッパの後を追うようにして、その翻訳的な転移として成立します。「民族」概念も例外ではありません。日本における「民族」概念の成立については、本書の「解読6」で詳しくのべます。ここではそれを先取りする形でわずかに触れておこうと思います。「民族」という語が国語辞典に登場するようになるのは、ずいぶん遅いことなのです。最初の体系的な国語辞典である『言海』（大槻文彦、一八八九〜九一刊）には「国民」の語はあっても、「民族」の語はありません。だが、それを大幅に増補した『大言海』（一九三二〜三七刊）には「民族」の語は存在し、しかもそれに周到な説明が付されております。すなわち「人民の種族。国を成せる人民の言語、民俗、精神感情、歴史の関係などの、共通に基づく団結。異人種、合して成るものあり、一人種中に分立するものあり」というように。これは明らかに近代国家を構成するものとしての「民族《ネイション》」概念が日本で、政治上にも、学術上にもはっきりとこの時期に成立したことを意味しています。岡本が国家主義と民族主義との二重性で規定したあの「ナショナリズム」も、昭和初期日本に成立したということでもあります。

＊

昭和十七年（一九四二）の十二月号の『中央公論』は「大東亜戦争一周年号」と銘打って「近代の終焉・歴史への還帰」という特集号を出しています。その特集号に岡本清一は「日本精神史の課題」という論文を載せています。この岡本の論文は、彼が国家主義・民族主義という二重性で規定するナショナリズムが、まさしく昭和初期日本に成立するものであることを証明しているのです。彼は第一次大戦後の大正から昭和への時代思潮の変化をこう概観しています。「個人主義と国際主義が盛なればなるほど、他方において民族主義的国家主義の成長を促して止まぬのである。また人々が西欧に心惹かれることの強きに応じて、一方にはアジアの運命に対する自覚が芽生えた。そして大戦以後とくに顕著になつた社会主義の発展に対応するためでもあつたが、国家主義もまた一種の変革的性格を身につけるとともに、日本国家主義のアジア主義的性格は、この頃においてすでに整いつつあつたのである」と。こう概括した上で岡本は、「かくして民族主義的国家主義、総じて日本精神に立つところの、所謂近代的右翼が形成せられていつた」というのです。

日本の民族主義的国家主義すなわち「日本ナショナリズム」の成立は、岡本は大正をこえた昭和初期という時代においてだというのです。まさしくその時期、あの『大言海』に見るような十全な「民族」概念も成立し、そして「日本民族」概念も、日本精神史や日本思想史などの学術的言説とともに成立するのです。

＊

ナショナリズムの定義をめぐってのべはじめた私の序言の文章は、すでに「日本ナショナリズム」の解読に入りかけています。これ以上の解読作業は本論にゆずって、ここではナショナリズムの定義の問題に一応のけじめをつけておきましょう。最近の政治学のテキストを見ると、ナショナリズムを非実体的に、機能的に定義しようとしています。たとえば、「ここではナショナリズムを、主権国家の領域とネイションの範囲とを重ね合わせようという自覚された思想と運動のこととしておこう」（『政治学』久米・川出・古城・田中・真渕共著、有斐閣、二〇〇三）といったように。これもナショナリズムの定義ですが、しかしこれはその概念の翻訳的な再構成としての定義ではありません。国家が「ネイション」をもって排他的な統合性を獲得しようとする、その国家的な運動とそのイデオロギーがナショナリズムだといっているのです。ここで国家に排他的な統合性を与えるのが「ネイション」ですが、それに「民族」とか「国民」という訳語をあえてあてがっていません。何らかエスニックな種族的同一性をもって「ネイション」をなすのか、言語の同一性とか、宗教の同一性によって「ネイション」をなすのか、あるいは歴史的記憶や文明的理念の共有によって「ネイション」を構成するのか。上の政治学的な定義における「ネイション」は、このいずれの集団概念にも可能なものとして、その実質規定を保留しているのです。私はナショナリズムの定義はこれでいいと思っています。私がさきに岡本にしたがって昭和初期に成立するといったのは、「ネイション」としての「日本民族」概念を構成しながら帝国日本の国家的統合を強力に推し進めた「日本ナショナリズム」です。

＊

近代における国家はナショナリズムを生み出しながら存立します。あるいは近代国家の持続的存立とは、「ネイション」概念をたえず再構成し、再確認し、あるいは再生させていく持続的な運動だといえます。ナショナリズムとは、この「ネイション」概念の再構成や再確認によって強固な国家の排他的統合をもたらそうとする運動であり、思想であり、言説であるのです。そしてナショナリズムは、それが理念的に体現し、あるいは目的として実現していく国家を、人民の献身性がそこに最終的に集約されるような最高の価値ある組織的統合体とみなします。本書「解読7・8」の主題である和辻哲郎は、「国家は人倫的組織の人倫的組織である」（『倫理学』中）といっています。すなわち、人がそのために死ぬことができるような最高の人倫的組織、それが国家だということです。「国家のために死ぬこと」とは、ナショナリズムの極限的なテーゼです。後進的国家のナショナリズムも、先進的国家のナショナリズムもその点において変わりはありません。日本のかつての天皇制国家のナショナリズムでも、民主的国家を称するアメリカのナショナリズムでも、「国家のために死ぬこと」をその極限的なテーゼとすることにおいて変わりはないのです。

「国家のために死ぬこと」が、ナショナリズムの対内的な極限的テーゼだとすれば、「国家のために殺すこと」とは、排他的ナショナリズムの極限的テーゼです。「国家のために死ぬこと」のもう一つの側面は「国家のために殺すこと」なのです。この二つのテーゼは表裏をなすものです。ナショナリズムが極限的にはこの二つのテーゼからなるものであることを、私たちはいま冷静に、リアルな眼をもって見なければなりません。私がする「解読」の作業とは、ナショナリズムへのそのような視線をえるためのものです。

*

日本についていえば、ここが外ならぬ故国日本であり、自分が日本人であり、日本民族の成員であり、日本語をネイティヴな言語として共有するものの一人であり、そして日本国家の国民であることをたえず再確認せしめる運動なり言説が日本ナショナリズムだということです。日本人となるのは、こうした近代的な言説体系のなかに生まれ、そのシステムをそれぞれに内部化することによってなのです。人びとは「日本」という言説からなる母胎《マトリックス》のなかに生まれ、育まれることによって、あたかも「日本」を血脈としているかのような日本人となるのです。一九四五年にいたる皇国日本は、見事にそのような日本人を生み出していきました。近代国家日本の成功とは、「日本民族」創出の成功であったといえます。

　だが歴史における近代国家日本の成功とは、朝鮮・台湾をみずからの版図に含んだ帝国日本の成立です。後進アジア諸民族に優越する「日本民族」概念は、その成立とともに、その中核に天皇神話に由来する「大和民族（天孫民族）」というさらに優越する概念を構成します。この排他的で優越的な「民族」概念に導かれた帝国日本と、アジア・太平洋戦争を帰結する日本の大陸政策とは不可分のものでした。日本ナショナリズムが猖獗《しょうけつ》をきわめた過程とは、まさしく昭和の十五年戦争の時期なのです。

＊

私の「日本ナショナリズムの解読」という作業とは、ここに記してきたような国家と戦争の二〇世紀における帝国日本を導き、支え、造り上げてきた言説を徹底して批判的に読み解こうとするものです。これは私における歴史認識の作業です。歴史認識とは、過去の持続として私たちの将来をあらしめないために欠かせない認識作業です。

この認識作業の機会を私に与えてくれたのは、「アソシエ21」の学術思想講座でした。その講座の担当を依頼された私は「日本ナショナリズムの解読」をタイトルにして、昨年（二〇〇五年）の十一月から今年の十月まで、二期十回にわたる連続講座の講師を勤めました。第一期の宣長から諭吉にいたる問題は、すでに私が書きもし、論じもしてきたことですからほとんど負担を感じることなく講義をすることができました。だが第二期の昭和のナショナリズムをめぐる問題は、私がまともに初めて直面する問題でもあり、それゆえその講義の準備に多くの時間を費やすことになりました。それはまさしく昭和の歴史認識の作業でした。この労多き課題を私はむしろ喜んで引き受けました。私のこの作業を終始後押ししてくれたのは、あの水道橋のアソシエ21ホールの狭い会場を毎回一杯にした聴講者の方々の熱意でした。本書『日本ナショナリズムの解読』は、この十回の講義からなるものです。

二〇〇六年十一月七日

子安宣邦　記

日本ナショナリズムの解読

目次

日本ナショナリズムの解読＊目次

カバー写真　永定河に仮設された橋を渡る日本軍（一九三七年九月）〔提供＝朝日新聞社〕

解読1

日本の固有性と他者の痕跡
——宣長における狂気と正気

「皇国言《みくにことば》は神代の始よりおのづからの皇国言にして、其のめでたく妙なること、さらに諸の戎狄言《からことば》と同日に論ずべきに非ず。」

本居宣長『鉗狂人』

1 「韓」の痕跡

日本がもともと日本であるという、自己の起源的な固有性をいう言説はどのように成立するのか。この固有性の主張は、同時に日本人とか日本語や日本文化などなどの排他的な同一性の主張として、日本ナショナリズムを構成する中心的な言説をなしていくのである。本居宣長（一七三〇―一八〇一）の論争的文章によって、日本の固有性をいう言説の宣長における成立を明らかにしてみよう。

私が住む川崎市北部の登戸の多摩川をはさんだ対岸は東京の狛江市《こまえ》である。学生時代に私はまだ農村の面影を残す狛江に友人を訪ねて多摩川の橋を渡ってよく行ったものである。この武蔵国多摩郡狛江郷を前身とする狛江市という市名と高麗《こま》との関係についてその頃から聞いていた。狛江とは高麗人《こまびと》の居住する入り江の意であると。昭和二十六年（一九五一）に狛江亀塚古墳の発掘調査がなされ、その副葬品などに高句麗系古墳との類似性が指摘された。これらの地名や遺跡によって、しかしこの地における高句麗系渡来人の居住が直ちに推定されたわけではないと研究者はいう。その周辺古墳の調査は、さらに古い時代からの居住者の跡を見出しているのである。だが考古学や歴史学が五世紀前の狛江の遺跡によって何を読んでいくかは別として、この地名や遺跡に私たちが「韓《から》」の痕跡を認めることはできるはずである。私がたとえばいま身近の狛江に見出すこうした「韓」の痕跡を、私たちは日本の歴史の上に、また地理上に、それこそ随所に見出すことができる。

ところで痕跡とは何だろう。それは過ぎ去って、もはや姿をみせぬものの跡である。あるいはある物が作り出されながら、その作り出された物からはもはや見出しえないものの跡である。その作り出された物を目の前にしては、人はもう痕跡さえも認めようとはしないかもしれない。「韓」「奈良」に人びとは大和の古都を認めても、韓の語「那羅《なら》」をその地名に読もうとはしない。「韓」とはそのような痕跡なのだ。過ぎ去ったもの、過ぎ去ったことの記録といえば、それは歴史書である。だが人の記す歴史書とは、すでに再び成された記録である。決してそれは過ぎ去ったもののすべての、その通りの原型的記録ではない。国の歴史を書くとは、自分たちがどのような起源をもち、どのようにして国を成すにいたったかの、選び取られた伝承資料による再度の記録というべきものである。そのとき選び取られた再記録としての歴史書に、ただ痕跡を留めるだけで消し去られたものがある。それは「日本《やまと》」の歴史における「韓」である。「韓」とは「日本」の歴史に残る、消し去られた他者の痕跡である。

「韓」とは「から」である。そして「漢」も「唐」もまた「から」である。「から」とは「やまと」の他者である。だが「漢」が「やまと」の形成にとって不可避の他者としてその存在を記し続けるのに対して、「韓」はその痕跡を留めるだけで消し去られていく。私がいま問題にするのは「日本《やまと》」の成立とともに消し去られていく「韓《から》」である。

2 「日本」の成立

『古事記』『日本書紀』とは日本のもっとも古い記録である。中国の歴史書に模した『日本書紀』を称して、これを最古の歴史書とはっきりということができる。それは「日本」の正史である。『古事記』も起源神話を含む朝廷説話集の性格をもった歴史書である。これを歴史書というのは、何に起源をもって、どのように国を成したかの起源説話をもった物語としてである。この二つの歴史書は天武天皇の勅命にしたがって編纂された。天武天皇とは万葉に「大王《おおきみ》は神にしませば」と歌われているように「神」として仰がれた最初の天皇であった。天武はまた「天皇」号で称された最初の天皇であった。天皇とは日本を中心とした天下を支配する究極的権威者の称であり、天つ日嗣《ひつぎ》としての神聖な王を意味した。この天武によって日本は本格的な国家の建設に向かうのである。

ところで七世紀後期における日本の国家建設を方向付けたのは、六六三年の白村江における唐・新羅連合軍との戦いによる敗北であった。多数の百済の亡命者とともに日本の軍勢は敗退した。その時から、日本は朝鮮半島との間に境界を設け、防備体制を敷くとともに国家の体制的な整備を急ぐことになるのである。六七二年に壬申の乱に勝利して天武が即位し、飛鳥浄御原宮《あすかきよみはらのみや》に遷都して国家建設を本格化させる。天武は浄御原令《きよみはらりょう》の編纂を命ずるとともに、「帝紀」と「上古の諸事（旧辞）」とを記す歴史編纂作業の開始を指示するのである。この勅命にしたがってやがて『古事記』（七一二）と『日本書紀』（七二〇）とが成立するのである。この仕事を通じて、「大王の権威とその首長たちに対する支配は、神々の時代から約束されたことであるとする神話、それを実現するために戦った大王の祖先たちの物語が、はじめてここに最終的に形を与えられることになった[1]」と網野善彦はいっている。なお天武の没後、六八九年に即位前の持統天皇によって浄御原令は施行された。この令においてはじめて「倭」にかわる国号「日本」が、「大王」に代わる称号「天皇」が定められた。「日本国」が制度的にはじめて成立したのである。

「日本」の成立をこのように見てくれば、『古事記』『日本書紀』とはこの「日本」の成立の事後的な再記録・再編纂だといえるだろう。この「日本」とその支配者「天皇」とがいかなる起源から、どのようにして成ったかの物語を伝承資料によって再構成しているのである。ところでこの「日本」と「天皇」とが歴史上に成立してくるのは、白村江の敗戦によって日本が朝鮮半島から手を引き、朝鮮との間に政治的、軍事的な境界線が引かれることによってであった。「日本」の成立史とは、「韓」からの離脱史なのである。そして「日本」の起源からの成立を記述する記紀は、この離脱過程を「韓」の痕跡として留めていくだろう。「韓」はその痕跡を留めながら、しかし「日本」の一国的歴史からその姿は見えなくなるのである。

3　新羅に天降る神

記紀などの古記録には、それこそ数え切れない「韓」の痕跡がある。明治における実証主義的な学問の方法を自覚した歴史学や地誌学、そして言語学などが、古代日本と朝鮮との関係をめぐってさまざまに推定し、説を立てるのも[2]、この「韓」の痕跡を大量に留める古代文献資料を主たる前提としてであった。

日本神話における「韓」の痕跡を帯びた代表的な神はスサノオである。スサノオは日の神であるアマテラスと天上世界で対決し、そして放逐され、葦原の中国《なかつくに》・出雲に降り、英雄神として振る舞い、やがて「根の堅州国《かたすくに》」の主となる。宣長はこの「根の国」を「黄泉《よみ》の国」と解している。まさしく神々の世界においてもっとも異端性をもった神である。『日本書紀』の一書は、このスサノオは高天原を追放されてまず新羅国に降ったと記しているのである。

「素戔嗚尊の所行《しわざ》無状《あじきなし》。故《か》れ諸神《もろもろのかみたち》科《おわ》するに千座置戸《ちくらのおきと》を以てして、遂に逐《や》らひたまひき。是の時に素戔嗚尊其の子五十猛神《いそたけるのかみ》を帥《ひき》ゐて、新羅国に降到《くだ》りまして、曾尸茂梨《そしもり》の処に居《ま》します。[3]」

もう一書には、「素戔嗚尊の曰く、韓郷《からくに》の島は是れ金銀《こがねしろがね》あり、若使《たとい》吾が児の御《しら》する国に浮宝《うきたから》あらずば、未是佳也《よからじ》とのたまひて、云々」とある。さきの一書によれば、新羅に降ったスサノオは、「此の地《くに》は吾れ居らまく欲りせじ」といって埴土《はに》をもって舟を作り、それで東に渡り、出雲の国の簸《ひ》の川上にある鳥上《とりかみ》の峯《たけ》にいたったとある。これは奇妙な記述である。葦原の中国《なかつくに》・出雲に降るはずのスサノオになぜ新羅を経由させるのか。この迂路をたどるスサノオについて『書紀』そのものには何の説明もない。この奇妙な新羅という迂路こそ、この記述を残して消えてしまった何かの痕跡であるだろう。「韓」の痕跡とはこのようであるのだ。記述における意味不明の迂路でしかない痕跡は、このテキストの読解者にさまざまな想像を促すのである。上の一書文中の「曾尸茂梨《そしもり》」について、現代の校注者はこれを朝鮮語とし、「金のある部落」の意に解している。[4] それからすると、この一書の記述と他の一書の「韓郷の島は是れ金銀あり」とが対応していることが明らかになる。しかしこうした注解によって、記述から消えてしまった何かが明らかにされてくるわけではない。ただ「韓」の痕跡であることがいっそう明らかにされるのである。

記紀にはこのスサノオをはじめとして「韓」の痕跡を留める神や人や物や場所や言葉が、それこそ数限りなくある。そうした痕跡を留めながら記紀は「日本《やまと》」すなわち天皇の朝廷に統一された国家成立の歴史物語を成していくのである。では記紀のテキストに見出すこれらの痕跡によって何を私たちは読むべきなのか。あるいは私たちはなぜここにこのような痕跡があるのかを疑うことなく、編纂を命じた天武天皇の意図にしたがって、ただ「日本」の神々しい起源に発する偉大な物語だけを読んでいけばよいのだろうか。

江戸時代にも近代にもこの「韓」の痕跡を無視することのできなかった学者たちがいたのである。彼らはそれらの痕跡によって記紀が伝えようとするのとは別のもう一つの上古の姿を、起源のありようを考えたのである。その江戸の学者とは藤井貞幹《ふじいていかん》[5]（藤貞幹《とうていかん》・一七三二―九七）である。

4 『衝口発』という著述

藤井貞幹の日本上古社会についての考証学的著述『衝口発《しょうこうはつ》』（一七八一成稿）が本居宣長のそれに対する駁論『鉗狂人《けんきょうじん》』（一七八五成稿）をもたらし、そしてその駁論を上田秋成（一七三四―一八〇九）が論難したことに対してさらに宣長が反論し、かくて『呵刈葭《かがいか》』に見る論争として展開されたことは国学史上における有名な事実である。「葭刈る難波人上田秋成を呵《しか》る」ことを意味する宣長の論争書『呵刈葭』は上下二篇からなり、上篇は上代国語の音韻をめぐる宣長・秋成の論争であり、下篇はいわゆる「日の神」論争といわれるものである。天明七年（一七八七）、宣長の手によってまとめられた。この下篇には「鉗狂人上田秋成評同弁」の内題が付されており、この下篇の論争の由来を示している。

ところで秋成の論難を呼び起こした宣長の著述『鉗狂人』とは、狂人に首かせ（鉗）をかけるというきわめてファナティクな題をもった論駁書である。「いづこのいかなる人にかあらむ。近きころ衝口発といふ書をあらはして、みだりに大御国のいにしへをいやしめおとして、かけまくもいともかしこき皇統をさへに、はばかりもなくあらぬすぢに論じ奉れるなど、ひとへに狂人の言也。故に今これを弁じて、名づくることかくの如し(6)」と宣長はこの題名の由来を「序」に記している。では宣長によって「狂人の言」とされた『衝口発』とはいかなる書か。それはすでにいうように日本上代についての比較史的な視点からなる藤貞幹の考証学的著作である。なぜそれが宣長によって「狂人の言」とされるのか。

藤貞幹は日本の神代を含む上代史を、中国と朝鮮古代史との比較史的、比較文化史的視点から考証学的に検討するのである。一般に古代日本の制度や儀礼、神社の祭祀から文字言語や衣服習俗にいたる文化が、基本的に朝鮮半島経由でもたらされた中国文化、「韓《から》」経由の「漢《から》」の文化に依存していると見るのは、宣長らが固有の起源を主張するまで、日本ではむしろ支配的な見方であったであろう。藤貞幹もまたこの見方に立って、皇統・言語・姓氏・国号から衣服・喪祭・祭祀など十五項目にわたって日本固有説を疑い、「漢」—「韓」の文化によって日本古代社会が大きく規定されていることをいおうとするのである。そのいくつかを挙げてみよう。

「辰韓は秦の亡人にして、素戔鳴尊《すさのおのみこと》は辰韓《しんかん》の主也。」

「神武帝元年辛酉は後漢宣帝神爵二年辛酉にして、……かくの如く六百年減ぜざれば三国の年紀合せず。」

「本邦の言語、音訓共に異邦より移り来たる者也。和訓には種々の説あれども、十に八九は上古の韓音韓語、或は西土の音の転ずる者也。」

「文字の多寡によらず歌は韓の古俗なること明かなり。」

「上古、祠を立てず。其祭ること、墓所柩前に於てす。爰《ここ》を以て伊弉冊尊《いざなぎのみこと》の陵前に幡《はた》・歌舞を以て祭り、天照大神……、此亦辰韓より伝る巫をして、神を祭らしむる古俗なり。」
「日本紀をよむには、先づ此国の事は辰馬の二韓よりひらけ、かたはら弁韓の事も相まじはると心得、それをわすれずしてよまざれば解しがたし。(7)」

宣長の激しい駁論を呼び起こすのはこうした『衝口発』の言説である。しかしこの言説の何が宣長の怒りを呼び起こし、相手を「狂人」と決めつけるような論難をもたらすのだろうか。相手の言説を狂人の物言いと決めつけることは批判というレベルをこえた非難である。それは究極的な非難の発言といっていい。彼の言の狂気に対する己れの言の正気が、まさしく自己言説の絶対の正当性がドラスティックに主張されようとするのである。

いま宣長によって狂気の沙汰とされるのは、『衝口発』における日本の国家的、文化的な起源の固有性を疑い、それを危うくするような言説である。そこでは日本の起源神話自体が混合文化論的視点で見直されているのである。日本の神の出自を尋ねれば、日本の外に求められていくという具合に。この藤貞幹の日本認識を根本において規定しているのは、古代日本にとってその始めから既存のものとしてある中国文化とその文化的受容において先進的な朝鮮についての認識である。日本が七世紀の後期から自覚的に遣隋使や遣唐使などによって直接に「漢」を採り入れ、律令体制として天皇朝廷的国家の制度を整備し、貴族官僚の教養と教育を漢風で体系づけていくまで、古代日本の言語から習俗にいたるまでの文化の基層を形成するのは朝鮮半島経由の「漢《から》」あるいは「韓《から》」文化であったと藤貞幹はしているのである。「秦人の言語、韓に一変し、又此邦に一変し、今此を求るに、和訓に混じて分別しがたし」という『衝口発』の言葉がよくそれを示している。宣長が「狂人の言」として怒るのは藤貞幹のこうした発言である。

5 正気の言説とは何か

宣長が『衝口発』を狂人の書だとしたのは、日本文化の起源の固有性がそこでは失われているからである。宣長がいま相手を狂人としながら、正常な日本の言説として立てようとするのは、「固有の起源をもった日本」という言説である。「初めに日本ありき」という言説こそが正しい言説、正気の人の言説なのである。この「日本ありき」の言説を確立するために宣長は、相手を狂人とするような論争を展開するのである。「日本とその文化的起源の固有性」とは、このような正気と狂気という言説的抗争を通じて、正気の言説、すなわち正常な日本人の言説として成立してくるのである。

宣長は『古事記』の注釈作業を通じて、日本人における認識上の転換を遂げていった。その転換とは、記紀の神代史をあくまで「日本の神」の伝承としたところにある。宣長の『古事記』注釈が問題にするのは「日本固有の神々」の伝承であり、端的に「日本の神」なのである。「神の道」とは、いわゆる神道教説ではない、「日本の神の教え」でなければならないのだ。『古事記伝』とはこの転換から遂行された注釈だといえるのである。だが記紀における神々の伝承を読めば、そこにいくらでも「韓」の痕跡を見出すことができる。最大の「韓」の痕跡を留める神とはスサノオだとはすでにいった。『日本書紀』の一書は、天上世界を追放されて、「素戔嗚尊、其の子五《い》十《そ》猛神《たけるのかみ》を帥《ひき》ゐて、新羅国に降到《くだ》りまして、云々」といわれていた。また別の一書には、「素戔嗚尊の曰く、韓郷《からくに》の嶋には、是れ金銀《こがねしろがね》有り、云々」とあった。天上世界でアマテラスと対立し、追放され、葦原の中国《なかつくに》の統治者オオクニの祖神となるスサノオとは、「韓」の痕跡を強く帯びた神であるのだ。藤貞幹はそこから「素戔嗚尊は辰韓の主なり」といい、さらに「神代紀に、素戔嗚尊は辰韓より渡り玉ふ故に、新羅を父母の根の国と云ふ。それを素戔嗚尊、此国の御人なるを、此邦より逐ひやらひて、新羅の蘇志摩利《そしまり》の地に在りと云へり」というのである。「辰韓」とは朝鮮古代の三韓の一つで、後に新羅が辰韓の斯盧国《しろこく》を中心に成立したとされる。藤貞幹は記紀におけるこうした「韓」の掩蔽《えんぺい》を指摘しながら、「此等の事は、書を読む人の眼高からざれば、共に談じがたく、癡人《しれびと》の前に夢をとくが如し」というのである。

　宣長はこの藤貞幹のこの「眼高からざれば、共に談じがたし」の言葉を受けながらこう反論する。

「ひたすら強て皇国をいやしめおとすを眼高しと心得たるは、返りて眼も心も卑《ひき》くして、漢籍におぼれ惑へるゆゑ也。今一層眼を高くして見よ。その非をさとるべし。わが古学の眼を以て見れば、外国はすべて天竺も漢国も三韓も其余《そのほか》の国々も、みな少名毘古那神《すくなひこなのかみ》の何事をも始め給へる物とこそ思はるれ。されば漢国にてことごとしくいふなる伏羲・神農・黄帝・堯舜なども、その本はみな此神よりぞ出でつらむ。」

もし一層眼を高くして読むならば、「韓」の痕跡なるものが「倭」の痕跡であることがわかるはずだと宣長はいっているのである。古伝承における「韓」の痕跡とみなされるものは、むしろ「日本の神」の勢威が異土に及んだことの跡として見るべきなのだというのである。記紀の神代史に神話的起源をもった「日本」の成立を読むということは、「韓」の痕跡から「韓」を消し、「倭」の痕跡として読んでいくことなのである。かくて「倭」の伝承における「韓」の痕跡によって、「倭」における「韓」を読もうとすることは狂気であり、その痕跡によってただ「日本《やまと》」の成立とその勢威を読むものこそが正気の人であるとされるのである。

6 「日本」成立の言語的記念碑

『古事記』『日本書紀』における古記録によって固有の神話的起源をもった「日本」の成立を読んでいくこととは、「日本」を歴史上に成立せしめた天武天皇の記紀編纂の意図にしたがって読むことであった。そのことは、歴史上における「日本」の成立を、近世の国学的注釈作業の上で反復させることであった。この反復とはまさしく近代日本に国家の学あるいは「お国学び」として引き継がれる国学の成立であったのである。この国学的な言説の上に、「日本」は固有の起源をもって、固有言語、固有文化という文化的同一性を備えた国家として強固に成立することになるのである。だがこの「日本」を成立せしめる宣長らの『古事記』や『日本書紀』の読みが決定的に否定したものは何であったかを、もう一度見ておきたい。「狂人の言」として否定されたのは、藤貞幹がいう次のような読み方であった。

「日本紀を読むは、先づ此国の事は馬辰の二韓よりひらけ、傍ら弁韓の事も相まぢはると心得、それを心に忘れず読まざれば、解しがたし。古来、韓より事起こりたることを掩ひたることをしらず、此国きりにて、何事も出来たると思ふ故、韓の言語を和訓とす。様々に説を立て、終に其意を得る事なし。」

藤貞幹は日本紀という一国的な歴史記述自体が、日本列島における言語や文化の由来についての掩蔽だといっているのである。宣長が「狂人の言」としたのは、古伝承における「韓」の痕跡によって起源の固有性を危うくするこのような読み方であった。「日本」は天皇の朝廷とともに、言語も文化もその固有の起源をもって存在しなければならないのだ。だが固有の起源とは、その主張者において信念以上の証拠をもつものなのか。宣長は固有言語「やまとことば」の存立をどのような根拠からいいうるのだろうか。「本邦の言語、音訓共に異邦より移り来たる者也」という『衝口発』の言葉に、宣長は当然激しく反撥する。しかし藤貞幹の言葉に反撥する宣長は、比喩的な反撥の言語をもってしか日本列島における言語の固有性を語りえないのである。

「すべて此論者の心は、はるかの上代には、此御国には人もなくて、いはゆる無人嶋の如くなりしを、韓より移り来て後に、人は出来たりと思ふにや。又人はもとより有りながら、韓・漢と往来せざりし以前は、すべて者もいはず、瘖《おし》のごとくにて有りし事と思ふにや。もしもとより人あらば、其人みな物いはずには居まじければ、おのづからの言語ありし事論なし。然るに今言語はみな異邦よりうつり来れりとは、いかなる強言《しいごと》ぞや。」

この宣長の比喩的な言語による反論は、固有言語の起源的な存立を人は積極的な、立証的な言語をもってしては主張しえないことを物語っている。事実、「敷島のやまとことば」とは、『古事記』の漢字テキストから「漢」と「韓」との痕跡である漢字から、それがになう文化的な意味をその字音とともに消去することを通じて読み出されたものではなかったか[8]。わが固有語「やまとことば」とは、「漢」と「韓」とを消去することで成立する事後的な構成物である。「日本」の成立とは、「韓」を痕跡としてだけ留めながら「韓」を消去することである。宣長の『鉗狂人』とは、「日本」の成立と「韓」の消去とをその激しい論難によって遂行した〈記念碑〉的な言説であった。近代日本はこれをまさしく「正」の記念碑として、すなわち正常日本人の言語的記念碑として顕彰し、継承していったのである。

7 「韓」を包括する帝国

わが古代文献資料における多量の「韓」の痕跡を無視することのできなかった多くの学者たちがいたことを既に私はいった。言語学者金沢庄三郎もその一人であった。彼が朝鮮語に関心をもったのは、まだ学生時代であったという。やがて文科大学長外山正一《とやままさかず》の勧めもあって朝鮮語研究を本格化させ、韓国に留学したのは二十七歳のときであったという。明治三十一年（一八九八）である。だが金沢庄三郎の名を私が知っているのは朝鮮語研究者としてではない。『広辞林』の編者としてである。随分長い間、私は兄譲りの『広辞林』のお世話になっていた。この金沢庄三郎が『日朝同祖論』の著者でもあることを知ったのはずっと後になってからである。彼においても朝鮮語研究が『日朝同祖論』として結実するまでに長い時間を必要としたようだ。『日朝同祖論』が刊行されたのは昭和四年（一九二九）である。韓国留学時の金沢の課題「日韓両国語の比較研究[9]」は、それから三十年を経た昭和の時代に『日朝同祖論』のタイトルをもった著書に包括されていったのである。それは日本の古文献における「韓」言語の痕跡という事実への注目から始まる日韓両言語をめぐる諸研究が、「日朝同祖論」という語りをもって包括され、『日朝同祖論』として昭和の世に公刊されたということである。それは日韓両言語の親近性を次のように語ることである。

「まことに神代に於ては、韓郷之島《からくに》と我大八洲国《おおやしまのくに》とはかくも密接の間柄であつたので、更に一歩を進めていふと、大八洲といふ中に韓郷之島も含まれてゐたといふ歴史家の説も、決して否定の出来ぬのである。」

日韓両言語の親近性はここでは「倭」と「韓」とを包摂するより大なる一者を予想する。それは「大八洲国」である。昭和四年、すでに日本は朝鮮を包括し、満洲に明白な野心をもつ帝国であった。だがこの日本帝国形成への意志は明治の近代国家の成立とともに日本には存在した。上の文中で「歴史家の説」といわれているのは、吉田東伍《よしだとうご》(10)の『日韓古史断』(明治二十六年刊)である。吉田は「大八洲」について、「八洲は島々の多きを云ふのみ。弥《いや》の義、八数に限るべからず。「記」「紀」二典に載する所、牽合附会、異説頗る多し、而してみな韓郷之島《からくに》を脱略せり。是れ蓋二史の成文は三韓離叛の後にして対馬を以て国の内外を限れるより脱略せるが如し」といい、その文末に次のような割り注を付している。「要するに天智の朝以前の大八洲国は韓地をも包含せりと云ふなり」。青年言語学者金沢が朝鮮語研究を志した明治二十六年、後に日本の歴史地理学を創設する吉田東伍はすでに記紀における「韓」の痕跡によって韓地を包摂する原日本帝国ともいうべき「大八洲国」を歴史の彼方に推定しているのである。

注

(1) 網野善彦『日本社会の歴史』上、岩波新書、一九九七。

(2) 早く吉田東伍は『日韓古史断』(冨山房、明治二十六、一八九三)を著している。白鳥庫吉の「三韓征服」という未発表原稿が書かれたのは明治三十年(一八九七)頃とされている。その頃から白鳥は日本の古語と朝鮮語との比較研究を始めている。金沢庄三郎の『日朝同祖論』の刊行は遅く昭和四年(一九二九、刀江書院)であるが、彼が朝鮮語の研究を志したのは明治二十六年のことだと同書の「まへがき」でいっている。

（3）黒板勝美編『日本書紀』（岩波文庫・旧版）の訓読による。

（4）『日本書紀』（坂本太郎・家永三郎・井上光貞・大野晋校注、岩波文庫・新版）巻第一の語注による。

（5）藤井貞幹は国学者として区分されているが（『日本古典文学大辞典』）、後藤芝山《ごとうしざん》、柴野栗山《しばのりつざん》に学んだ貞幹は、国学者というよりはむしろ漢学的教養をもった日本古代文化の考証家とみなすべきだろう。漢学的教養をもった考証学とは国学者にも共通するといえば、それでもよい。著書に『衝口発』のほかに『好古小録』『好古日録』『七種図考』がある。

（6）『鉗狂人』『本居宣長全集』第八巻、筑摩書房、一九七二。

（7）『衝口発』、筆者所有の版本による。また『日本思想闘諍史料』第四巻（名著刊行会、一九七〇）に収められている。

（8）『古事記』の漢字テキストからの宣長による「やまとことば」の読み出しについては、私の『本居宣長』（岩波現代文庫）、『漢字論――不可避の他者』（岩波書店、二〇〇三）を参照されたい。

（9）留学の成果としての学位論文「日韓両国語同系論」によって金沢が学位をえたのは明治三十五年（一九〇二）である。

（10）吉田東伍（一八六四―一九一八）。独学によって歴史学をおさめ、『日韓古史断』『徳川政教考』を著し、学者としての地位を築く。後に早大教授、また歴史地理学会を創設し、『大日本地名辞書』の刊行事業を完成させた。

解読2

「日本語《やまとことば》」の理念とその創出
――宣長『古事記伝』の贈り物

「あやにかしこき遠皇祖《とうすめろぎ》之神の御代の雅言《みやびごと》」

本居宣長「新刻古事記之端文」

「まして其の文字は、後に当てたる仮《かり》の物にしあれば、深くさだして何にかはせむ。唯いく度も古語を考へ明らめて、古へのてぶりをよく知るこそ、学問《ものまねび》の要《むね》とは有るべかりけれ。」

本居宣長『古事記伝』一之巻「訓法の事」

1 「日本語」とは

国語辞典というのは、その編纂時期における日本人の日本語使用に当たっての標準的な使用語彙の範囲を確定し、採用した語彙の由来や標準的な意味を説明していく。そして絶えざる増訂作業を通じて、その時代の日本語使用に当たっての標準的な規格を提供していくのである。さらに

『広辞苑』のような国語大辞典になれば、登録される語彙の範囲は歴史に遡って拡大し、語彙の意味もその歴史的な変容過程がたどられたりする。このような大辞典は、日本語としての範囲を歴史的に遡って拡大し、また新造語や外来語を含めてその範囲を確定していくのである。この国語辞典は、ある概念の成立を考えようとする私たちにとって重要な意味をもっている。たとえば「民族」という語彙が、どのような意味をもって、いつ標準的な日本語語彙とみなされるにいたったのかを、私たちは国語辞典によって知ることができるのである。そして私にことに興味があるのは、国語辞典が自ら編集する「日本語」や「国語」をどのように説明しているかである。『広辞苑』(第四版)はこう説いている。

「日本語＝日本の国語で、古来日本民族が用いてきた言語。方言の差とともに地位・職業・男女による違いも著しい。歴史的には中国語の影響を多分にうけてきたが、系統的には朝鮮語・アルタイ諸語(ツングース語など)との同系説が有力。しかし両者の親族関係は証明されないまま、バスク語やアイヌ語などとともに孤立した言語の一つとして扱われている。」

「国語＝①その国において公的なものとされている言語。その国の公用語。自国の言語。②日本語の別称。③漢語・外来語に対して、本来の日本語。和語。やまとことば。④国語科の略。」

「日本語」についての「日本の国語」というのは、「国語」についての①の意味、「その国において公的なものとされている言語。その国の公用語」に対応する。その上に『広辞苑』は「日本語」を「古来日本民族が用いてきた言語」と説明する。私たちはこの「日本民族」という語とともに説かれる日本語の規定に注意しなければならない。この「日本民族」と相関的にいわれる「日本語」とは、エスニックな自然的起源を装いながら「民族」概念とともに近代日本に成立するものである。それは「国語」の③で「本来の日本語」というのに対応する。「本来の日本語」とは、日本人が使用する語彙から他者性の刻印をもつ漢語・外来語を区別することから生まれてくる概念である。エスニックな起源によって自他を峻別する「民族」の語をもって「ネイション」概念を翻訳的に転移させるとともに、民族の固有語「日本語」もまた成立するのである。ここで『広辞苑』の定義をめぐってもう一つ付言しておけば、それは比較言語学によりながら日本語をバスク語やアイヌ語と同様な孤立語だという説明を最後に付け加えている。だがそのことは日本語をアイヌ語と同様の一種族的言語とみなすことを意味しない。「古くから日本本土に住つてゐる日本民族[1]」の言語が日本語であり、日本という国家をなしている民族の言語、その国家の国語でもある言語が日本語だというのであって、一種族言語ということではない。「国語即ち日本語は、世界の言語の一つである」といい、同時に「日本民族の用ゐる言語が日本語であつて、日本民族自身の言語としては日本語の外に無いのであるから、日本語は即ち日本民族の言語である」と橋本進吉がいうとき、この民族は国家を構成するネイションの謂いである。橋本のこのような国語学的な言説によって日本民族的言語としての日本語が成立するのだろう。

日本民族の固有語日本語という理念が国語学者のどのような語りをもたらすか見ておこう。現在の放送大学の教材『国語学概論』は、古代日本人の言語意識に遡る始まりの語りをしている。

「古代には百済・新羅・高句麗や中国との交流が限られた場ではあったが、大部分の日本人には無縁のことであった。……多くの日本人が直接に他言語に触れるということは皆無といってても過言ではなかった。そのように、日本人は、自分たちがその中に生まれた自分たちの言葉を特に意識することも、さらに、相対的に捉えることもなかった。自分たちの言葉が唯一絶対のものであったのである。自分たちの言葉を「国語」と呼ぶことにも何ら抵抗もなかったのであろう。(2)」

現代の国語学者にこのようなイノセントな日本語意識がなお存在するのは驚きである。あらためて宣長に始まる日本固有語「やまとことば」イデオロギーのはるかな射程を思わざるをえない。そして最後にもう一つ、近代日本における歴史的な民族概念の創出に深くかかわった京都学派の高山岩男の言葉を引いておきたい。「言語は最も基本的な文化であるが、人類共通の言語というものもなければ個人個人で違う言語というものもない。言語は民族の言語であり、民族というものは言語共同体をいうのである。[3]」これは「日本民族」概念と「民族言語・日本語」概念の同時的な成立をはっきりと示している。

2 『古事記』を読むこと

宣長は『古事記』をはじめて読んだ。しかしはじめて読むとは何か。もちろん『古事記』のテキストは以前から存在していたし、神道家たちはそれを『日本書紀』の付随的なテキストとみなしながらも読んでいた。それにもかかわらず宣長がはじめて『古事記』を読んだというのはその読み方にあるのである。従来の神道家たちが『古事記』を漢文のテキストとみなし、漢文として訓読したのに対して、宣長は『古事記』を漢字漢文表記の日本語テキストとみなし、そのテキストを日本語の文章で読んでいったのである。もちろんその日本語というのは日本固有の古語としての日本語、すなわち「やまとことば」である。たとえば、

「此時伊邪那岐命大歓喜詔。吾者生生子而於生終。得三貴子。即其御頸珠之玉緒母由良邇取由良迦志而。賜天照大御神而詔之。汝命者所知高天原矣。事依而賜也。」（神代五之巻）

漢字漢文で記されたこの文章を、宣長は次のように読んでいったのである。

「此の時伊邪那岐命《いざなぎのみこと》大《いた》く歓喜《よろこ》ばして 詔《のりたま》はく、吾《あれ》は子《みこ》生み生みて、生みの終《は》てに三ばしらの貴《う》づの子《みこ》得たりとのりたまひて、即《やが》て其の御頸珠《みくびたま》の玉緒《たまのお》をもゆらに取りゆらかして、天照大御神に賜ひて詔はく、汝《な》が命《みこと》は高天原《たかまのはら》を知らせと事依《ことよ》さして賜ひき。」

これを音読すれば分かるように、宣長は『古事記』の漢字漢文表記の文章を美しい日本語として読んでいる。まさしく雅《みやび》な文章である。どうしてこのような読みが可能かは、後の問題である。ともあれこの宣長の読み方とともに、『古事記』についての見方は一変したのである。『古事記』は日本語のテキストになったのである。あるいはそこから日本語を読み出すことのできるテキストになったのである。『古事記』が日本語のテキストになったということは、そこに語られている神々の伝承が日本の神々の伝承に、すなわち日本神話になったことを意味するのである。『古事記』は日本の神々の事跡を伝える神典になるのである。

それゆえ『古事記』を日本語として読むための言語的、思想的、歴史的作業の一切を集大成する『古事記伝』は、高山岩男のいい方を借りれば、「日本民族」の同義語としての「日本語」という言語的アイデンティティの自覚史における記念碑的な労作として存在することになるだろう。では宣長は『古事記』をどのようにして日本語として読んだのか。『古事記』の漢字漢文テキストから、固有日本語「やまとことば」を宣長はどのようにして読み出すことができたのか。

3 『古事記』はよめるか

日本語学者亀井孝は「古事記はよめるか」という問題を提起し、国語学界に大きな波紋を投じた。それは一九五七年のことである。[4] しかし私がこう書き始めるとき、すでに私は解き難い問題に正面することになる。いま私は亀井を日本語学者といったが、では彼を国語学者というのは間違いなのか。そもそも日本語学と国語学とは同じなのか、違うのか、といった問題である。ある学問的専門領域をどう呼ぶかということは、もとより時代の知の編成にかかわることであり、単に呼称だけの問題に還元することはできない。ことに「日本語」と「国語」とをめぐっては、すでに触れたような民族国家としての近代日本の成立と、さらには日本帝国の内と外における言語的対応の問題が深くかかわっていた。[5]「日本語」か「国語」かとは、言語学的領域をこえた現代日本のみずからの位置づけにかかわる本質的な問題を含んでいる。いまここでは「日本語学」とは現代日本語への言語的な関心に方向づけられた学であり、「国語学」とは古典日本語への関心に方向づけられた、国学的な語学的遺産を継承した学とだけして規定して、亀井が提起した最初の問題にもどろう。

亀井が「古事記はよめるか」というとき、その「よむ」とは多重的な意味をもっている。まず「よむ」とは音読することを意味している。つぎに「訓む」の漢字を当てていわれるように、訓読することを意味する。さらに「よむ」とは読解することを意味する。この三重の意味で『古事記』はよめるかと亀井は問うているのである。もしよめるとすれば、それはどのような意味でよめるというのか、またどのような限度でよめるというのかを問題にしているのである。『古事記』に関してこのような問題が提起されるのは、『古事記』のテキストの成立の事情にかかわっている。『古事記』は周知のように編纂者太安万侶《おおのやすまろ》の手による漢字・漢文表記からなる記録、すなわち起源神話を含む国家成立のまとまった最古の記録として七一二年に成立する。これが記録であるとは、文字表記からなる記録だということである。しかし日本列島に固有の文字は存在しない。したがってこの起源神話を含む国家成立の記録は、偉大な文明先進国である中国の文字・漢字によって表記されざるをえない。

漢字は中国文明とともに直接中国から、あるいは朝鮮半島を経由して数多くの渡来者によって日本列島にもたらされた。応神朝における百済からの漢籍とその読解者の渡来を記紀が記録しているように、漢文読解と漢字使用を可能にする知識と手段は、人とともに主として百済からもたらされた。七世紀の後半には朝廷を中心にして、地理的にも人的にもかなりの範囲で漢字が表記手段として使用されるようになる。表記手段としての漢字の使用にはいくつかの方法がある。一つには中国におけると同様な漢文によって表記する方法である。この漢文表記の文体を「正格漢文体」と呼ぶ。もう一つは日本語の統辞法に部分的にくずした漢文体表記である。これは変則的な漢文体である。これを一般に「変体漢文体」と呼んでいる。さらに漢字を表音記号化し、これで日本語を表記する方法がある。これは中国で外国の人名や地名を表記するのに用いられた方法で、たとえば『魏志倭人伝』が「末盧《まつろ》国」「伊都《いと》国」とか「卑弥呼《ひみこ》」と記すような方法である。これで日本語を表記したものを、「漢字仮名表記体」と呼んでおきたい。この漢字仮名は『万葉集』で歌の表記に多く用いられているので「万葉仮名」の名で呼ばれている。この三種の漢字表記法が混在しながら七世紀の日本でおこなわれていく。

もし何らか土着的《ネイティブ》な言語としての日本語があったとすると、この日本語を漢字によって書記化するにはこの三種の表記を混在させた仕方がもっともふさわしいといえるだろう。「正格漢文体」は文章表現としてはすぐれていても、日本語との文体的距たりが大きい。「漢字仮名表記体」は神名など固有名や歌謡の表記として使うことができても、散文の表記としては不適格である。「変体漢文体」こそ日本語散文の書記化にはふさわしい表記法だとみなされる。「変体漢文体」とは、実はこの三種の表記法を混在させた文体なのである。まさしく太安万侶が『古事記』を編纂するにあたって採用したのはこの「変体漢文体」である。ところで私はここでかなり重大なことを何気なくいってしまっている。「変体漢文体」は日本語散文を漢字によって書記化する方法としてふさわしいと私はいった。つまりここで問われていることは、言語の書記化にかかわる問題である。日本語を漢字によって表記するとは、日本語を書記化することである。漢字表記による日本語とは書記日本語だということである。表記法として「変体漢文体」を使おうと、それによって成立するのは書記化された日本語である。しかも漢字・漢文によって書記化された日本語である。太安万侶によって成立するのは、『古事記』という漢字・漢文で書記化された日本語テキストなのである。このことの認識は、本居宣長の『古事記』解読作業にかかわる重大な問題である[6]。

『古事記』とは漢字・漢文による最初の大規模な日本語の書記化作業の成果である。それは中国の漢字文化の変容的転移としての日本文化の成立をもたらす最初の大規模な実験例だといえるのである。したがって『古事記』をどうよむかとは、漢字文化とのかかわりで日本文化の成立をどう考えるかという問題でもあるのである。日本文化の固有性を志向する宣長ら国学者が、この漢字とのかかわりで『古事記』をどうよむかがここでの私の問題である。ところで「古事記はよめるか」という問題提起をする亀井はあらためて人びとに漢字・漢文による書記テキストとしての『古事記』に正面させようとするのである。彼は漢字書記テキストとしての『古事記』の成立とは、当時の音声言語日本語で『古事記』テキストがよまれることへの断念の上にあるという。

このことは「古事記はよめるか」という問いへの宣長におけるような回答、すなわち宣長が『古事記伝』あるいは『古訓古事記』[7]という形で出した回答への明らかな否認を意味している。といってしまうと、これはあまりに早すぎる結論である。しかし亀井による「古事記はよめるか」という問題提起をかえりみることによって、私たちは『古事記』をよむということが包括している問題と、『古事記』がもっている問題とを、それらの問題の重大さとともに理解することができるだろう。

4　宣長の『古事記』発見

『日本書紀』を構成する一異本程度にみなされていた『古事記』、神道家によって『書紀』神代巻のサブ・テキストとしてかえりみられる程度であった『古事記』の価値を発見し、日本古典の最高の位置にすえたのは宣長である。では宣長は『古事記』の価値をどこに見出したのか。『古事記伝』の序論をなす一之巻で宣長は、『古事記』が『日本書紀』に優る理由をこう説いている。

「さて此の記《ふみ》（古事記）は、字《もじ》の文《あや》をもかざらずて、もはら古語をむねとはして、古への実《まこと》のありさまを失はじと勤めたること、序に見え、又今次々に云ふが如し。……彼の撰（書紀）は、潤色《かざり》を加へて、漢《から》の国史に似するを旨とし、此れ（古事記）は古への正実《まこと》のさまを伝へむがためなるべし。其の意序に見えたり。」

宣長は中国の歴史書を範とし、正格の漢文体で叙述された『書紀』に対して、『古事記』に日本の固有性を保持しようとする編纂意図をよみとるのである。それは何より日本の古語・古言を尊重し、それを失わないように努めた太安万侶の表記の工夫にあり、そのことは『古事記』の序に見える通りだと宣長はいうのである。そしてこの古語尊重の努力によって『古事記』の記述は古代の真実《まこと》を保持しえたというのである。ここには宣長ら国学者による古代日本への学問的な、思想的な関心の特質がすべて見えている。何よりも彼らの古代への関心は、日本固有の言語への関心にある。日本古代の固有の言語によって、神代からの日本古代の固有のありさまは正しく伝えられるとするのである。こうした宣長ら国学者の古代観、言語観によって『古事記』は『書紀』に優越する価値をもった最古の記録とされるのである。

宣長は『古事記』のはっきりと制作意図をもった制作者をその序によって推定している。その制作者とは、まず「帝紀及び上古の諸事」を選定することを詔《みことの》りした天武天皇である。しかもこの天皇は古語を重視し、みずからそれらを口に誦《よ》んで人に習わしめたと宣長はいう。(8)その制作者とはさらに、天皇の意を体して「帝皇の日継《ひつぎ》及び先代の旧辞」の誦習《しょうしゅう》に務めた稗田阿礼《ひえだのあれ》であり、阿礼の誦む旧辞を文字に移し、『古事記』として撰録した太安万侶である。『古事記』とは天武天皇の聖なる意を体したこれらの制作者のはっきりとした制作意図、すなわち「帝紀及び上古の諸事」を伝承の古語のままに後世に伝えようとした意図にしたがって成立した記録だということになるのである。とすれば『古事記』をよむことは、この聖なる制作意図にしたがって伝承の古語のままによむことが正しいよみ方だということになる。『古事記』には明白な制作主体が存在するのである。その制作者が『古事記』テキストにこめた意図にしたがってよむことが、読者の正しいよみ方だとされるのである。

ではあの『古事記』テキスト、すなわち漢字書記テキストから伝承の古語をどのようにしてよみ出すことができるのか。

5 「やまとことば」の訓み出し

『古事記』テキストとは、すでにのべたように、日本語の書記化の工夫としての「変体漢文体」からなる漢字表記テキストである。この漢字表記テキストからどのようにして伝承の古語がよみ出されるのだろうか。宣長はこの伝承の古語、すなわち固有言語「やまとことば」を『古事記』からよみ出すことができるといい、事実『古事記伝』によってそれをよみ出しえたと信じたのである。

宣長が伝承の古語のままに伝えようという聖なる意図を体して制作された聖なる記録として

『古事記』を解していることはすでにのべた。宣長のこの『古事記』理解は、もう一つの重要な前提をふまえている。『古事記』における書記化作業の前提として口誦《こうしょう》の伝承が存在したと宣長はいう。無文字時代にあってすべては口から口にいい伝えられてきたはずである。そしてその口誦の言語とは、漢字導入前の固有言語「やまとことば」である。『古事記』はこの口誦の固有言語を残そうと努めたテキストだと宣長はみなすのである。

「此の記《ふみ》の優《まさ》れる事をいはむには、先づ上つ代には書籍《ふみ》と云ふ物なくして、ただ人の口に伝へたらむ事は、必ず書紀の文の如くには非ずて、此の記の詞のごとくにぞ有りけむ。彼はもはら漢に似るを旨とし、其の文章をかざれるを、此は漢にかかはらず、ただ古への語言《ことば》を失はぬを主《むね》とせり。(9)」

『古事記』テキストの背後には口誦の伝承があり、そして『古事記』制作者がその口誦の言語のさまを失わないように努めたとすれば、その制作意図を正しく理解する読者はこのテキストから口誦の言語をよみ出すことができるはずだと宣長は考える。だがその『古事記』テキストはこの口誦の言語からすれば二重の他者性をもっているのではないか。表記手段としての文字は、口誦の言語の直接性からすればすでに他者性を帯びている。さらに『古事記』にあって表記のための文字とは他国言語・中国語の表記文字である漢字であるのだ。『古事記』の漢字表記テキストは、たとえそれが表記の工夫をともなった「変体漢文体」からなるテキストだとしても、口誦の言語に対してそれは二重の他者性からなるものである。もしこの漢字表記テキストから口誦の言語をよみ出しうるとするならば、どのようにこの他者性をこえようとするのだろうか。『古事記』本文の冒頭は次のような一節からなっている。

「天地初発之時、於高天原成神名、天之御中主神。次高御産巣日神。次神産巣日神。此三柱神者、並独神成坐、而隠身也。」

この神代の巻の冒頭の文章を宣長はこうよんだ。

「天地《あめつち》の初発《はじめ》の時、高天原《たかまのはら》に成りませる神の名《みな》は、天之御中主神《あめのみなかぬしのかみ》。次に高御産巣日神《たかみむすびのかみ》。次に神産巣日神《かみむすびのかみ》。此の三柱《みばしら》の神は、並独神《みなひとりがみ》成りまして、身《みみ》を隠したまいき。」

宣長はこのよみこそが神代の昔の雅な言葉の再現であり、これこそが『古事記』本来の訓み、「古訓」であると主張した。ではこの訓みはあの原文に見る「変体漢文体」の漢字表記テキストからどのような読解の操作を経て成立するのだろうか。冒頭の語「天地」について見てみよう。天地創成神話の形をとって始まる古事記神話の冒頭の「天地」の語について宣長は、『古事記伝』の注釈をこう書き始めている。

「天地《あめつち》は、阿米都知《あめつち》の漢字《からもじ》にして、天は阿米《あめ》なり。かくて阿米てふ名義《なのこころ》は、未だ思ひ得ず。抑《そもそ》も諸《もろもろ》の言《こと》の、然《し》か云ふ本の意《こころ》を釈くは、甚《いと》難きわざなるを、強ひて解かむとすれば、必ず僻《ひが》める説《こと》の出で来るものなり。[10]」

「天地は、アメツチの漢字にして」というのは、「天地」とは固有言語である「やまとことば」の「アメツチ」を表記するために当てられた漢字であるというのである。宣長の解読作業のプロセスからすれば、まず眼前に「天地」という漢字表記の語句があり、それをどう訓むかという傍証的資料などによる究明過程があり、そして「アメツチ」という訓みが提示されるという順序をたどるはずである。事実宣長のおこなった注釈過程もそうであった。ところが『古事記伝』の注釈文の記述はこの過程を転倒させている。すなわち、まず存在するのは固有言語「アメツチ」であり、それを表記するために漢字「天地」が当てられたといっているのである。これは宣長の注釈が、彼が推定する『古事記』成立過程の再現という形をとるからである。すなわち、まず「やまとことば」があり、それをどう漢字で表記するかの工夫としてテキストの成立過程が推定されているからである。制作者の頭の中にあったのはまず「アメツチ」であって、決して「天地」ではなかったというのである。実際の考証過程の転倒としてなされる宣長の注釈において、基本的に漢字は固有言語「やまとことば」を表記するために当てられた文字、いわば表記手段とみなされるのである。そして『古事記』テキストの表記上の漢字は基本的に「仮り字（借り字）」とみなされる。仮り字とは仮名《かな》である。これこそ『古事記』テキストの漢字という障碍をこえて、『古事記』テキストを透明化していくために宣長がとった固有言語訓み出しの戦略である。

漢字を仮り字とみなすことは、『古事記』テキストを漢字による意味支配から解放することである。「天地」とは仮り字であり、それによって「アメツチ」の意味を考えてはならない。「天」も「アメ」であり、「アメ」の意味を漢字「天」によって考えてはならない。では「アメ」とは何か。宣長はいう。「天は阿米《あめ》なり。かくて阿米てふ名義《なのこころ》は、未だ思ひ得ず」と。「天」とは「アメ」に当てられた漢字である。では固有語「アメ」の意味は何か。「アメという語の本来の意味は、私にはまだ思いつかない」と宣長は答えるのである。これはきわめて正直な、そして傑作な回答である。『古事記』のテキスト上から宣長は、「天」という漢字とその意味とを排除して固有語「アメ」をえるわけだが、しかし同時に彼は「アメ」という語の意味の空白を見出さざるをえないのである。宣長は「アメ」についてと同様な回答を「カミ（神）」についてもしている。

「カミという語の本来の意味は、私にはまだわからない」と。これは漢字書記テキストから漢字による意味支配を排除しようとした宣長の注釈が出会わざるをえない逆説的な帰結である。宣長の注釈がもたらすこの意味の空白をどのように埋めていくかは、彼の国学思想の問題である。

6　先ず「やまとことば」があった

『古事記』の漢字表記テキストからの宣長による固有言語「やまとことば」の訓み出しはこのようにして可能であった。何がそれを可能にしたか、あらためてここでまとめてみよう。まず宣長は『古事記』にはっきりとした制作意図をもった作者を設定した。その制作意図とは、伝承の古語をそのままに後世に伝えることにあった。この制作意図の宣長における理解は、漢字による書記化作業に先立って口誦の伝承が存在したとする確信と不可分である。『古事記』はこの口誦の伝承を前提にし、伝承の古語に忠実なテキストを作成するという意図をもった制作者の手によって成立すると宣長は見るのである。したがって『古事記』をよむとは、この制作意図に則って伝承の古語をテキストから訓み出すことでなければならない。だがそのテキストはあの口誦の言語からすれば二重の他者性を負った漢字によって表記されたものである。この漢字表記テキストのもつ障碍を宣長は、漢字を「仮り字」とみなすことによってこえていこうとした。漢字は口誦の固有言語「やまとことば」を表記するための単なる手段であり、「仮り字」だというのである。

宣長はこのようにして『古事記』の漢字表記テキストから美しい古語「やまとことば」を訓み出そうとしたのである。宣長は『古事記』からこのようにして訓み出されたものを正しい「古訓」だとし、「古訓古事記」としてその訓みの権威化と一般化とをはかるのである。

ところで『古事記伝』の注釈文に見る「古訓」訓み出しのプロセスは、すでに見たように、実際の注釈作業のプロセスの転倒からなるものであった。「訓読」とは本来、漢文テキストの成立を前提にしてなされる事後的な日本語による読解作業である。『古事記』が訓読されることを前提にした「変体漢文体」からなるテキストだとしても、その訓読とは漢文テキストに対する事後的な解読作業である。宣長はしかし『古事記』テキストの成立に先立つ事前の古語「やまとことば」を訓み出そうとし、事実それを訓み出したと信じた。宣長が「古訓」だという事前の古語とは、むしろ事後的に訓み出され、あえていえば創り出された「やまとことば」だというべきものなのである。事実、「古訓古事記」は平安朝的な、宣長自身が推奨する雅な文章からなるものである。宣長は『古事記』によって日本の規範的な古典的雅文を訓み出し、いや創り出していったのである。

『古事記』とは漢字文化の日本への変容転移の壮大な実験例であったと前にいった。だが宣長はこの『古事記』から漢字の意味支配、すなわち漢字文化の支配を排除することを通じて、日本の言語と文化の固有性をよみ出していったのである。「日本語《やまとことば》」の固有性こそ『古事記伝』がもたらした近代日本への最大の贈り物である。

注

（1）橋本進吉『国語学概論』岩波書店、一九四六。
（2）白藤礼幸・杉浦克己編著『国語学概論』放送大学教材、一九九八。
（3）高山岩男『日本民族の心——文化類型学的考察』玉川大学出版部、一九七二。
（4）亀井孝による問題提起「古事記はよめるか——散文の部分における字訓およびいはゆる訓読の問題」は、『古事記大成』の第三巻『言語文字篇』（平凡社、一九五七）に掲載された。『日本語のすがたとこころ』（『亀井孝著作集』第四巻）所収、吉川弘文館、一九八〇。
（5）この問題をめぐっては、私の論文、「「国語」は死して「日本語」は生れたか」（『日本近代思想批判——一国知の成立』所収、岩波現代文庫、二〇〇三）を参照されたい。
（6）漢字書記テキストとしての『古事記』の成立と宣長によるその解読作業をめぐる問題について私は、「『古事記』——この漢字書記テキスト」（『漢字論——不可避の他者』所収、岩波書店、二〇〇三）で、現代の国文学者の議論をも視野に入れながら詳細に論じている。
（7）宣長は『古事記伝』の完成（寛政十＝一七九八）の後、従来の『古事記』版本に見る本文の誤りや漢籍風の訓読の誤りを正し、「皇祖之神の御代の雅言」に復する「古訓」による正しい『古事記』テキストを世に提供することを目的に、『古事記』本文に片仮名の傍訓を付したテキストを作る。これが宣長没後の享和三年（一八〇三）に刊行された『訂正古訓古事記』である。

（8）宣長は『古事記』序にある「稗田阿礼の誦むところの勅語の旧辞」によって、阿礼が誦む旧辞とは天武天皇がみずから口で誦み、阿礼に誦み習わしめた旧辞だと解している（『古事記伝』二之巻「古事記上巻ならびに序」）。この点については私の著書『本居宣長』（岩波現代文庫、二〇〇一）参照。

（9）『古事記伝』一之巻「古記典等総論」、『本居宣長全集』第九巻、筑摩書房、一九六八。

（10）『古事記伝』三之巻「神代一之巻」、『本居宣長全集』第九巻。

解読3

祭祀国家日本の理念とその成立
――水戸学と危機の国家神学

「古へに言へる有り、国の大事は、祀《まつり》と戎《いくさ》とに在りと。戎に一定の略有り、祀は不抜の業たれば、実に国家の大事なり。」

会沢正志斎『新論』

1 「天祖」という漢語

「天皇は天祖の遺体を以て世々天業を伝へ、群神は神明の冑裔《ちゅうえい》を以て世々天功を亮《たす》く。君の民を視たまふこと赤子の如く、民の君を視まつること父母の如し。億兆心を一にして万世渝《かわ》らず。」これは『大日本史』「志」第一の冒頭に見出す文章である。ここには天祖すなわち天照大神を究極の祭祀対象とする天皇的国家日本の国体が、見事に簡潔な漢文体で記述されている。これは近代日本の詔勅から国史教科書にいたる天皇的国家日本の記述の範型をなすような文章といっていい。こうした文章は水戸学において、「天祖」概念の再構成とともに成立してくるものである。

明治二十三年（一八九〇）第一回帝国議会の開催にあたって、全国の神職神官の有志は神祇官の設置を要望して陳情書を議会に提出した。その陳情書に、「実ニ我国家ハ、天祖ノ皇孫ニ授与シ給ヘルモノニシテ、聖子臣孫、継々承々、茲ニ二千五百五十一年宝祚ノ隆ナル、天壌ト共ニ窮リナク、皇上ハ則チ天祖ノ遺体ニシテ、我四千万臣民ハ則チ皇裔臣孫ナラザルナシ[1]」とのべられている。天上の主宰的中心の神であり、同時に皇統の始祖でもある天祖すなわち天照大神に収斂する敬神崇祖の心性をもって比類ない形で構成される神祇的な国家的結合体としての日本の定型的な言説がここに提示されている。この神祇官設置の陳情書に見る神祇的国家日本の言説は、理念的にも言説的にも原型を明治三年（一八七〇）一月の大教宣布の詔勅[2]に負っている。この詔勅は、「朕、恭シク惟《おもんみ》ルニ、天神天祖、極ヲ立テ統ヲ垂《た》レ、列皇相承ケ、之ヲ継ギ之ヲ述ブ。祭政一致、億兆同心、治教上ニ明ニシテ、風俗下ニ美ナリ」と祭政一致的国家の理念を天祖に基づけながら、「百度維新《ひゃくどこれあらた》」な国家新生のこの時にあたって「治教ヲ明ニシテ、以テ惟神《かむながら》ノ大道ヲ宣揚」すべきことをのべるものであった。

ここで天照大神は「天祖」と称され、皇統の始祖であるとともに神祇的国家日本の始源的中心とされている。天照大神を天祖と称することは明治初年から神祇関係の文書に多く見られることである。ところで天祖という称がこのように漢文体的な文章中で使用されていることに注意したい。大教宣布の詔勅はもちろん漢文である。天皇の詔勅が、一九四五年の終戦の詔勅にいたるまで、漢文あるいは漢文体であることに私たちはあらためて注意を払う必要がある。天皇の詔勅という国家経綸と国家主権の行使にかかわる最高の権威的言説が漢文ないし漢文体であるということは何を意味するのだろうか。日本の政治社会における支配的言語が漢文的書記言語であることとともに、漢帝国における天下経綸的な言語のいわば翻訳的な転移として日本の国家的な言語があることを意味しているのではないか。

「天祖」という語は天子・天主・天神・天女などとともに漢語である。だが天祖は中国古典中にその使用例が見出されるような漢語ではない。諸橋の『大漢和辞典』は「天祖」を「天照大神、皇祖」と説明し、その使用例を会沢正志斎《あいざわせいしさい》の『新論』から引いている。それは会沢正志斎が『新論』で「大嘗祭《だいじょうさい》」をめぐってのべた文章からのものである。「夫れ天祖の遺体を以て、天祖のことに膺《あた》り、粛然僾然《しゅくぜんあいぜん》として、当初の儀容を今日に見れば、すなはち君臣観感し、洋洋乎として天祖の左右に在るがごとし」[3]。ここでは天照大神を指す天祖の語が、『書経』や『礼記』など中国の儒家古典中の祖考観や祖霊・鬼神祭祀の叙述を思わせる文章の中で使用されている。『新論』をはじめいわゆる後期水戸学における天祖の概念は、皇祖天照大神に儒家的な天と祖考の観念を付会しながら成立する日本的な漢語概念なのである。天祖とは中国的天観や祖考観の翻訳的転移によって成立した日本的漢語である。この天祖概念の成立とともに冒頭に見たような日本の天皇的国家の言説もまた水戸学に成立してくるのである。

私がここでしようとするのは、天祖概念とともに水戸学において再構成される天皇的国家の中核的言辞の解読的作業である。解読とは近代国家の神話的呪縛から私たち自身を解き放つためである。

2 『新論』と国家的長計

水戸藩は徳川政権下の日本にあって特異な位置を占めていた。将軍家の親藩として徳川政権を支える重要な柱の一つをなすとともに、藩主を中心に水戸学と称される歴史的国家意識をもった学問を形成していた。対外的危機に直面する近世後期社会にあって水戸藩は、強い国家意識に立った革新的政治イデオロギーの発信地をなすにいたる。三代藩主徳川光圀が始めた『大日本史』の編纂作業は歴史主義的な国家学の性格をもった水戸藩の学問すなわち水戸学を形成していった。『大日本史』[4]とは、朱子学的な大義名分論に立って紀伝体風に天皇統治の正統的系譜と統治世界とを跡づけた歴史記述である。徳川政権という武家政権下の近世日本にあって水戸藩が企てる天皇と朝廷統治の正統性を通史的に弁証するような歴史編纂の試みは、武家支配下の日本を超えた日本国家への視点をこの修史事業に携わる人々に与えていく。近代日本から水戸藩の尊皇思想として回顧され、尊重される歴史的国家的視点が彼らに成立するのである。この『大日本史』の編纂作業とともに形成されたいわゆる水戸学は、のちにのべるように先王の道を説く徂徠学の受容を通じて国家社会の制度習俗への視点をも獲得し、いわゆる後期水戸学における国家経綸の議論をも可能にしていくのである。かくて一九世紀初頭、日本が直面する対外的危機はこの後期水戸学から私が「危機の政治神学」と呼ぶ新たな国家経綸の議論を生み出すことになるのである。それは祭祀的国家の理念を核として国家の再構築をはかろうとするものであった。水戸藩の学者会《あい》沢安《ざわやすし》（正志斎と号した、一七八二―一八六三）の『新論』（一八二五成立）は、この危機における国家経綸の論を代表する著作である。『新論』は同時代の革新的な武士たちの多くに支持され、彼らの政治的議論の形成に大きな力を及ぼしたばかりではない。明治新国家の設立にあたって、その国家理念に形成に大きな影響力をもったのである。

会沢安は一九世紀初頭の日本が直面する国家的危機に際して採られる最終的な対応策は、一定不変の長期的計略でなければならないと『新論』で説いている。日本が直面するのは対外的危機であるばかりではなく、対内的危機でもあった。対外的危機に対応しうる国家的な体制も能力も徳川政権はもっていなかったからである。危機意識が先鋭であればあるだけ、危機への対応策は国家の再統合、再構築を求めて根本的であり、長期的展望に立つものでなければならなかった。「国体」の章に始まる『新論』の最終章は「長計」と題されるのである。「英雄の事を挙ぐるや、必ずまづ天下を大観し、万世を通視し、而して一定不易の長策を立つ。規模まづ内に定まり、然る後に、外、無窮の変に応ず」[5]と、この「長計」の章を会沢は書き進めている。危機に際会する日本が採るべき長期的対応策、その長期的な展望の地平に近代国家日本がある。だがそのことは、会沢の視線の先に近代国家日本が見えていたかどうかということではない。日本というあるべき国家的体制とは何かの認識とその確乎たる定立の主張、すなわち「国体」の議論から始まる会沢における危機の政治的言説は、不可避的に将来のあるべき国家の策定を含まざるをえないということである。その国家は安定した内部によって外圧的危機に応じうる確乎たる基盤に立った国家でなければならないのだ。「長計」とはそのような国家のための長期的戦略である。『新論』の長期的戦略はその馳せる視線の先に新しい国家をもたねばならないのである。

『新論』あるいは後期水戸学が明治維新によって成立する新国家にとってもった意味は、この長期的経略のうちに己れがとるべき国家体制の理念的な輪郭を新国家が見出しえた点にあるだろう。同時に近代の日本国家形成の前提に向けてなされる近代国家理念の考古学《アルケオロジー》としての検証作業にとって『新論』がもつ意味もまたその点にある。すなわち、『新論』の長期的計略はいかにして来るべき国家のための理念をもちえたのかである。あるいは儒家の歴史的言説としての水戸学からいかにしてこの新たな国家体制（国体）の理念は形成されたかである。

会沢の国家のための長計・長策をめぐる『新論』の言辞は直ちに日本の歴史的始源を回想する。「昔、神聖の夷狄を攘斥《じょうせき》し、土宇《どう》を開拓せし所以のものは、この道に由らざるはなし。故に中国、常に一定の略ありて、以て夷狄を制御し、不抜の業ありて、以て皇化を宣布せり」と。ここで回想されているのは初代神武天皇による東征とそして肇国《ちょうこく》という日本国家の歴史的始源である。『大日本史』編纂作業を軸としたこの水戸学では、国家経綸の言説は歴史を呼び起こしながら、歴史的な経綸の言説として展開される。日本の歴史的始源あるいは歴史的画期を今に再現することで現状の革新をいう維新の言説は、まさしく水戸学のものである。もう一つここで付言しておけば、上の引用文中で「中国」と称されているのは日本であって、中国ではない。ほんものの中国は『新論』では「満清」と呼ばれている。[6] 東アジアの中華主義的な政治地図の中心点の転移はすでに始まっている。「中国」という呼称とともに東アジアで占めるべき日本の中心的な位置が『新論』ではすでに先取りされているのである。ではみずから「中国」を称する日本の将来の国家に向けて会沢は何を歴史に回想しようとするのか。

3　祭祀的事蹟の回想

「昔、天祖、神道を以て教へを設け、忠孝を明らかにして以て人紀を立てたまふ」と日本の国体的理念の天祖における始源をいう『新論』の歴史への回想は、書紀が「幼にして雄略《おおしきこと》を好みたまふ。既に壮にして寛博《ひろ》く謹慎《つつし》みて、神祇を崇《かた》く重《あが》めたまふ。恒に天業《あまつひつぎ》を経綸《おさ》めむとおぼす心有《ま》します」[7] と叙する崇神天皇の神祇祭祀の事蹟に集中していく。古代の天皇国家がいま祭祀によって統合された祭祀的国家として回想されるのである。

『新論』はまず崇神紀六年の「故《か》れ、天照大神を以ては、豊鍬入姫命《とよすきいりひめのみこと》に託《つ》けまつりて、倭《やまと》の笠縫邑《かさぬいのむら》に祭りたまふ。仍りて磯固城《しかたき》の神籬《ひもろぎ》を立つ」という事蹟によって、顕然として神器を宮廷外に祭ることで天皇は天下に「天祖を尊び以て朝廷を敬する」ゆえんを知らしめたと説くのである。さらに会沢は、「天皇すなはちこれを外に祭り、公然、天下と共にこれを敬事したまひ、誠敬の意、天下に著はれ、天下は言はずして喩《さと》る」とその意を詳述していく。『易』における「聖人、神道を以て教を設け、天下服す」(「観」の彖辞(8))という言辞を天祖による文脈に転移させて「天祖、神道を以て教を設け、云々」という『新論』は、天皇みずからが祖考(天祖)に奉事する祭祀行為が、下民に天皇への敬仰と畏服の心情をおのずから培っていくことになると説くのである。彼の中国における「聖人」が我が日本の「天祖」という祖考概念に翻訳的に転移されるとともに、彼の「神道」もまた祖考に祭事する我が「神祇の道」に転移されるのである。「神道を以て教を設く」という『易』の言辞は、神祇祭祀が人民の教化上においてもつ重要性を説く神祇的祭祀国家の言辞となるのだ。この中国古代の経書的世界から日本の祭祀的国家を理念的に基礎づける言辞を導くための解読コードを水戸学に提供するのは荻生徂徠の「先王の道」の古学である。水戸学における徂徠をめぐってはあらためて後に触れるだろう。ともあれ水戸学においてわが歴史的始源に遡ってなされる来るべき国家に向けての理念的な再構成作業は、たえず中国古代の経書的世界からの引証、あるいはその世界との引照を通じてなされていくのである。(9) 歴史上の天皇による神祇祭祀をめぐる事績に会沢が『新論』で加える注釈的説明は尚書などからの引用によって占められている。日本の古代神祇史が尚書的視点から再解釈されるのである。その解釈コードが徂徠学であるということは、後にのべるように、祭祀が国家にとってもつ政治的意味がいま自覚的に取り出されることを意味している。会沢あるいは水戸学において歴史の祭祀的事蹟に向けてなされる回想とは、彼らの国家経綸の立場がいまや国家祭祀論を要求していることを意味するのである。危機における国家が、その確乎たる国家的統合のために祭祀的体制を必要としているのだ。このことは次章にのべるように『大日本史』の編纂作業の構造的な転換につながる問題でもある。

『新論』はまた崇神紀七年十一月の「即ち大田田根子《おおたたねこ》を以て、大物主大神《おおものぬしのおおかみ》を祭る主《かむぬし》となす。又、長尾市《ながおち》を以て、倭の大国魂神《おおくにたまのかみ》を祭る主とす。然して後に、他神を祭らむとト《うらな》ふに、吉《よ》し。便ち別に八十万の群神《もろかみ》を祭る」という記述によって朝廷による祭祀的統合の事績を読んでいく。すなわち、「大物主・倭国魂《やまとくにたま》を祭りしは、土人の敬尊するところに因りて、その祀を秩するなり。而して畿甸《きでん》の民心、繋属するところ有りて、以て同じく朝廷を奉ぜり。是の義を挙げて之れを四方に達し、天社《あまつやしろ》・国社《くにつやしろ》を定め、天下の神祠統《す》べざるはなし。而して天下の民心、繋属するところ有りて、以て同じく朝廷を奉ぜり」と。

朝廷は地方を征討すれば、その地方の功烈あるものを、その子孫によって祭らしめてその地を鎮定した。朝廷は祭祀的秩序のもとに地方を統合していったのだというのである。それぞれの地方、もろもろの氏族の朝廷による政治的な支配と統合は、祭祀的秩序のもとでの統合として進められたという歴史的事蹟が、いま一九世紀初頭の日本から熱い視線をもって回想されるのである。『新論』の「長計」の章は書紀の崇神・崇仁紀や延喜式によりながら、また周王朝における祭祀的事蹟を引きながら、祭祀的統一としての日本古代国家を歴史的規範として確立していくのである。これは一九世紀における祭祀的国家の理念の再構成である。

4　徂徠の鬼神祭祀論

水戸学における祭祀的国家をめぐる古代日本への回想的視点が成立したのはは、一八世紀の享保から文化初年にかけて、水戸藩の修史事業に生じた転換を通じてであった。その時期、『大日本史』の編纂作業の主導権が立原翠軒《たちはらすいけん》（一七四四―一八二三）から藤田幽谷《ゆうこく》（一七七四―一八二六）の手に移される。この翠軒から幽谷への編纂作業の主導権の移行は、『大日本史』の編纂の主眼が「人物本位の紀伝の編纂から、制度史的な志表の編纂へ」と移ったことを意味すると尾藤正英は解説している。(10) 水戸藩の修史事業における制度史的な記述への中心的関心の移行は、尾藤もいうように、「礼楽刑政の道」という社会制度的体系への徂徠学的な視点が修史事業の遂行者たちにも共有されていったことを意味している。さらに神祇史的起源への関心から、『大日本史』の「本紀」第一冒頭の記述からは割愛された神代史を前提にした天神地祇《あまつかみくにつかみ》の事蹟をめぐる神祇史的記述が「志」第一においてなされていくことを見れば、本居宣長（一七三〇—一八〇一）らの国学的視点もまた彼らに共有されていったこともたしかであろう。ここでは荻生徂徠の鬼神論あるいは祭祀論をふりかえりながら、『新論』あるいは水戸学における古代祭祀国家への歴史的回想の意味を明らかにしてみたい。

荻生徂徠に「私擬対策鬼神一道」という文章がある。恐らくこれは同時代の朱子学的知による新井白石の著書『鬼神論』などを前提にして、徂徠がみずからの古学的見地によって鬼神問題理解を試みて蘐園《けんえん》の諸生に示した文章であろう。この文章は会沢らと同時代に属する国学者平田篤胤（一七七六—一八四三）の『新鬼神論』に儒家鬼神論の有力な一つの類型的言説として引かれている。(11) そのことはこの『徂徠集』に載る文章が他の徂徠の鬼神祭祀をめぐる言説とともに平田や会沢らが属する時代の鬼神論的問題関心をもつ人々に共有されていたことを示してもいる。さてその文章で徂徠は祖先祭祀の成立前のいわば自然状態における人間に触れながらこういっている。

「聖人の未だ興起せざるに方りてや、其の民散じて統無く、母有ることを知りて、父有ることを知らず。子孫の四方に適《ゆ》きて問わず。其の土に居り、其の物を享けて、其の基《はじ》むる所を識る莫し。死して葬むること無く、亡じて祭ること無し。鳥獣に羣《むらが》りて以て殂落《そらく》し、草木と倶に以て消歇《しょうけつ》す。民是れを以て福《さいわ》い無し。蓋し人極の凝《な》らざるなり。故に聖人の鬼を制して以て其の民を統一し、宗廟を建てて以てこれに居き、烝嘗《じょうしょう》を作りて以てこれを享《まつ》る。其の子姓百官を率《した》がえて以てこれに事《つか》う。……礼楽政刑是れよりして出ず。聖人の教えの極なり。(12)」

聖人が父母を葬り、祖先を祀るあり方を人々に教えるまで、人々は鳥獣と同様な生き死にをただくりかえしていただけだと徂徠はいうのである。「聖人の鬼を制して以て其の民を統一し、云々」と徂徠がいうのは、人民の最初の共同体的な統合が鬼神祭祀を通じてなされる祭祀的統合であったことを聖人の制作という論理をもっていっているのである。これは人間における原初的共同体の形成への視点をもった稀な儒家の文章だといっていい。人民の共同体的統合にもっている鬼神（死霊・祖霊）祭祀の意味を理解する儒家にとって、鬼神の存在は否定されない。有鬼論こそ彼らの立場である。(13) そして人民の最良の共同体的統合が祭祀によってなされることを認識する為政者にとって、祭祀とは最良の政治的教化の術であり、まさしく祭り（祭事）と政《まつ》り（政事）とは一致する。「聖人、神道を以て教を設く」という『易』の言葉はまさしくそのことを意味するとされるのである。徂徠による鬼神あるいは祖考祭祀をめぐるいくつかの議論をここに引いておこう。『新論』および水戸学の祭祀論が徂徠的言説をふまえることではじめて成るものであることを、これらの徂徠の言説がはっきりと示している。[14]

「鬼神なる者は、先王これを立つ。先王の道は、これを天に本づけ、天道を奉じて以てこれを行ひ、その祖考を祀り、これを天に合す。道の由りて出づる所なればなり。故に曰く、「鬼と神とを合するは、教への至りなり」と。」（『弁名』[15]）

水戸学における新たな「天祖」概念の展開は、ここで徂徠が「祖考を祀り、これを天に合す」という言葉によっている。天を奉じて行なわれる先王の天下安民の治道は、同時に祖考を祀ることを通してなされる統合の教えである。「祖考を祀り、これを天に合する」ことは祭政一致的治道を可能にする根拠である。この徂徠の祭祀論的視点は、日本神代史・古代史による「天祖」概念とそれにもとづく祭政一致的統治の理念の再発見あるいは再構成を水戸学にもたらしていくのである。なお徂徠は『礼記』における「鬼と神とを合するは、教への至りなり」（祭義篇）を、祖考（人鬼）を天（天神）に合することと解している。同じく『弁名』で、「帝もまた天なり。漢儒は天神の尊き者と謂ふ。……いはんや五帝の徳は天に侔《ひと》しく、祀りて以てこれを合し、天と別なし」といっている。水戸学で再構成される「天祖」概念の背景にあるものをあらためて考えさせる徂徠の言葉である。もう一つ水戸学への徂徠学の影響関係をのべる際にしばしば引かれる『徂徠集』中の文章を見よう。

「夫れ六経博しと雖も、何を称すとして天に非ざる。礼は必ず祭り有り、事に皆祭り有り。惴惴栗栗《ずいずいりつりつ》として、唯、罪を鬼神に獲《え》んことを恐るるなり。聖人、神道を以て、教へを設くるは、豈、較然として著明《あきら》かならざらんや。……不佞茂卿《ふねいもけい》、生まるるや晩く、未だ我が東方の道を聞かず。然りと雖も、窃《ひそ》かにこれを其の邦たるに観るに、天祖は天を祖とし、政は祭、祭は政にして、神物と官物と別なし。神か人か、民の今に至るまでこれを疑ふ。是れを以て百世に王たりて未だ易《かわ》らず。いはゆる身を蔵《かく》すことの固きものか、非《しか》ざるや。後世聖人の中国に興ること有らば、則ち必ずこれを斯れに取らん。」(「旧事本紀解の序」(16))

古代中国の先王の道に比類されるような道が、わが東方の民の邦にあったとは聞いていない。だがわが古代史を見れば、「天を祖とし」た天祖神《あまつみおやのかみ》が存在し、その天祖の祭りを核とした朝廷の政《まつ》りはまさしく祭政一致としてあり、古代朝廷の統治は「神道を以て、教へを設」けたという聖人の道の趣意を体現したものであることが知れると徂徠はここでいうのである。わが人民にとって「神か人か」を見分けがたいものとしてある天子とは、人民の祭祀的統合を見事にもたらす存在としてある。もし後世の中国に新たな制作者・聖人が出現するならば、この東方の邦の祭政一致の道をきっと採用するだろうと徂徠はいっているのである。たしかに後世晩清の中国にあって新生国家日本の最高の祭祀者天皇に注目したのは光緒帝《こうちょ》とその助言者康有為《こうゆうい》であった(17)。しかしそれよりさきに水戸の会沢らは徂徠にしたがって日本古代史に天祖と祭祀的国家の理念とを再発見しているのである。その再発見は、すでに引く『新論』の「昔、天祖、神道を以て教へを設け、忠孝を明らかにして以て人紀を立てたまふ」と、経書における聖人の言辞のわが神祇史的言辞への翻訳的転移として表現されている。同時にその言葉は、徂徠がわが古代史に見出したことの見事な水戸学的な、すなわち国体論的な言説化である。

5　国家的危機と民心

一九世紀初頭の日本にあって会沢らが直面し、その対応が迫られている国家的危機は、国家から乖離した民心の乱れとして、深い憂慮をもって見られている。この乖離する民心への憂慮とともに彼らに想起されるのは近世初頭の異端邪宗による侵害である。いま眼前に異国船の出現を見る彼らに近世初頭の異端邪宗の侵害が強い危機感のうちに想起されるのである。「後、異端並び起るに及びて、大道明らかならず。廟堂、永久の慮《おもんばかり》なく、朝政陵夷《りょうい》し、民心日に漓《うす》くして、神聖の万世を維持したまふ所以の意に乖《そむ》けり」という会沢の嘆きの言葉は近世初頭の戦国乱世と現在とを二重写しにしている。この時に狡知に長《た》け、わが国に欠ける大経・大道をすでに立てたかに見える欧米諸国の異端邪宗の徒が、左道をもって民心に取り入るならば、たちまちに民心は籠絡されてしまうだろう。事実その通り、二百年前にわが国に現出したのは、「至る所、祠宇《しう》を焚燬《ふんき》して、胡神を瞻礼《せんれい》し、以て民志を傾」けた事態ではなかったか。その事態の再現を恐れることは決して杞憂ではない。はっきりと見るべきである、危険はまさしく眼前にあるのだ。にもかかわらず、「中国未だ不易の基を立てず、衆庶の心は、離合聚散し、架漏牽補《かろうけんぼ》して、以て一日の計をなすに過ぎ」ないといった状態ではないか。ここでも会沢が「中国」と称しているのは我が日本である。ではこの事態にある日本に何が必要なのか。もちろんそれは、動揺し、乖離する民心を国家の中心に向けて収斂させ、国家の安定的な統合をもたらす何かである。徂徠はそれを先王の道術としての礼楽政刑の教えだといった。『新論』はそれを「聖人の祀礼」の教えだという。『新論』における鬼神祭祀論の根幹をなす文章をやや長いがすべてここに引いてみよう。

「夫れ物は天より威あるはなし。故に聖人は厳敬欽奉し、天をして死物となさしめずして、民をして畏敬悚服《しょうふく》するところ有らしむ。物は人より霊なるはなし。その魂魄精強にして、草木禽獣と与に澌滅《しめつ》する能はず。故に祀礼《しれい》を明らかにし、以て幽明を治め、死者をして憑《よ》るところ有りて以てその神を安んぜしめ、生者をして死して依るところ有るを知りて、その志を惑はざらしむ。民、すでに天威に畏敬悚服すれば、天を誣《し》ふるの邪説に誑《あざむ》かれず、幽明に歉然《けんぜん》たるなければ、すなはち身後の禍福に則ち眩《くらま》されず。報祭祈禳《きじょう》し、上、その事に任じて、民、上に聴かば、すなはち君を敬すること天を奉ずるごとく、遠きを追ひて孝を申《の》ぶ。人、その族を輯《あつ》めて、情、内に尽さば、すなはち祖を念《おも》ふこと父を慕ふがごとく、民心、下に純にして、怪妄不経の説、由りて入ることなし。」

ここに見る会沢の文章は聖人による祭祀の礼の創始という文脈で語られている。これは徂徠における先王＝聖人観を前提にしてのべられた、ということは為政者による国家経綸的視点をもってのべられた儒家的鬼神祭祀論である。聖人によって設けられた祭祀の道（神道）が人民教化の道にほかならないことを、危機の政治神学としてあらためて詳述した文章である。民心をいかに安定的に国家の側で確保するかという課題が、儒家における鬼神祭祀の論理をもって答えられているのである。そのことは水戸学における国家祭祀論が人民の死後安心《あんじん》の要求にも応えうる救済論の性格をもつことを意味している。祖先祭祀とは共同体的統合をもたらす意義をもっていた。その祖先祭祀が人民の死後安心の要求にも応えるものであるならば、その統合は人民の心底からのものとなるであろう。いま危機における国家が求めているのはそのような人民の統合である。

生者に死後の魂の帰するところを教え、民心に究極的な安心を与える鬼神祭祀（神道）とは、聖人によって設けられた天下安民の最良の教えである。いまこの聖人の教えは水戸学において「天祖の教え」として、あるいは「神聖の立てる大経」として語り直され、国家の長期的経略の基本（大経）として提示されていくのである。

天祖（天照大神）の教えにしたがい、神聖（神武天皇）が万世に及ぶ配慮をもって立てた大経とは何か。それは祭政一致的国家という理念である。「神聖、大経を立てて、以て万世を維持したまひ、典礼すでに明らかにして、奕世《えきせい》遵奉し、旧物の猶存するもの此《か》くの如くなれば、則ち神聖の念慮の曁《およ》ぶところ、また見るべきなり」。

6　死の帰するところ

聖人による祖考祭祀の教えとは、「祀礼を明らかにし、以て幽明を治め、死者をして憑《よ》るところ有りて、以てその神を安んぜしめ、生者をして死して帰するところ有るを知りて、その志を惑はざらしむ（明祀礼、以治幽明。使死者有所憑、以安其神。生者知死有所帰、而不惑其志）[18]」るものだと『新論』は説いていた。「幽明を治め」るとは人々にとっての生と死の世界、あの世とこの世とを安らかならしめることである。しかしこの教えの主眼は死と死後をめぐる安心にある。死後の魂の鎮まるところ、すなわちそれぞれの死が究極的に帰着するところが明らかであれば、死者も鎮まり、生者も安らかであろうというのである。これは宗教的安心《あんじん》論・救済論の問題である。すでにのべるように『新論』が国家の大経として立てる祭祀的国家の理念はこの安心論的課題を吸収している。それは危機における国家経綸の立場が人民の心の底からの国家への統合を要求しているからである。国家が人民にそれぞれの死の帰するところを明らかにし、死後の安心を人民に与えることは、彼らの心底からの国家への統合を可能にするはずだと会沢はいうのである。

江戸後期社会におけるこの安心論・救済論的な課題は平田篤胤の国学的言説上にはじめて登場する。[19] 篤胤独自の国学思想の成立を告げるものとされる『霊能真柱《たまのみはしら》』という著作とは、古学の徒に求められる大倭心《やまとごころ》を堅固にもつために「霊《たま》の行方《ゆくえ》の安定《しずまり》」を知ることが不可欠だとして、日本神話による宇宙生成過程の再構成を通して「霊の行方」の問題の解決をはかった書である。[20] 篤胤の著作におけるこうした救済論的な課題の登場は、彼の国学思想が既存の学者・知識人たち――その中には彼が師とした宣長も含まれる――とは異なった位相に成立するものであることを示している。講説という口語的語りの口調で書かれた『古道大意』などの著作群があることによっても、篤胤は彼の国学思想の受け手に従来の知識層とは異なる人々を予想していたことが知れる。篤胤の気吹舎《いぶきのや》の門に連なる人々が地方の神職や村落社会の指導者たちであったことを思えば、彼らの接する村民たちが篤胤国学のはるかな最終的な受け手としてあったことが推定される。篤胤国学における安心論・救済論的な課題の追究は、そうした人々の要求に応えることでもあったのである。私がここで篤胤国学をふりかえるのは、『新論』において安心論・救済論的課題を吸収しながら成立する国家祭祀論の立つ位相を考えてみるためである。

『新論』あるいは後期水戸学とは江戸の将軍権力にもっとも近い親藩水戸藩で、しかし幕府権力を構成する官僚たちとは異なる政治的視点と見識とをもった水戸藩主徳川斉昭《なりあき》のもとに集う新たな武家知識層によって構成された歴史主義的な国家経綸の言説である。『新論』に見る水戸学は国家危機における経世論として、はじめて国家体制を主題にし、その再構成を論じ始めるのである。「国体」論とは水戸学にしてはじめて可能な議論であったであろう。彼らが眼前にしているのは将軍と幕府権力を中心とした国家であるとはいえ、危機における国家経綸の論は歴史を遡行して国家規範を求めながら、あるべき国家を将来に向けて策定せざるをえない。水戸学が歴史を回想しながら来るべき国家に向けて提示するのは祭祀的国家の理念であった。祭祀的国家とは、祭政一致的体制をもった国家である。すなわち、政治的国家が同時に祭祀的な体制を統合的基盤として要求する国家である。水戸学が再構成する新たな「天祖」概念がそうした祭政一致的国家の構想を可能にするのである。始源的中心としての天祖を「敬神崇祖」の念をもって仰ぐ祭祀的国家にしてはじめて「億兆心を一」にした人民の統合を可能にすると『新論』はいうのである。その人民はすでに国民《ネイション》を先取りしている。

『新論』の祭祀的国家論はここで安心論・救済論的課題をも吸収する。篤胤国学は地方の村民たちを己れの言説の受け手として想定しながら、国学を神道神学的に再構成しながら人々の安心の要求に答えていった。いま『新論』あるいは水戸学は人民の心底からの国家への統合を求めて、歴史主義的な儒学的言説としての水戸学をさらに政治神学的に再構成しながら安心論的課題に国家経綸の立場から答えていくのである。ここに政治神学としての後期水戸学が成立する。『新論』が将来に向けて策定するあるべき国家は究極的に人民の死と死後への問いに答えねばならないのである。来るべき国家とは天皇を最高の祭祀者とした祭祀的国家でなければならないのだ。

注

(1)「神官有志神祇官設置陳情書」(明治二十四年一月)、『宗教と国家』(安丸良夫・宮地正人編、日本近代思想大系5)所収、岩波書店、一九八八。引用にあたっては平仮名表記に改めている。

(2)大教宣布の詔勅は、明治三年一月三日、神祇官神殿で行なわれた国家祭典と宣教開始にあたって鎮祭の詔とともにくだされた。これは天皇が神祇的国家の祭主であるとともに教主であることをも明らかにしたものである。

(3)『新論』国体上、『水戸学』(今井・瀬谷・尾藤編、日本思想大系53)所収、岩波書店、一九七三。ただし『大漢和辞典』が例文として引いているのはこの通りではない。なお本稿における『新論』からの引用にあたっては岩波文庫版(塚本勝義訳注)をも参照した。

（4）『大日本史』三九七巻は徳川光圀の命によって明暦三年（一六五七）に編纂を開始し、光圀没後も水戸藩の修史事業として継続された。「紀・伝」の部は文化三年（一八〇六）から嘉永二年（一八四九）に出版された。だが「志・表」の編纂は難航し、最終的な完成は明治三十九年（一九〇六）である。明治の天皇的国家の形成と平行して、その歴史的、理念的な記述作業が続けられたといっていい。

（5）『新論』からの引用は『水戸学』（日本思想大系53、岩波書店、一九七三）所収のテキストによっている。

（6）明清の交替にともなう日本における中国観の変容は一八世紀後期における「支那」という呼称の一般化をもたらす。そして皇国意識の登場とともに中国の異質的他者化が進行し、『新論』におけるこのような自他の呼称の成立を見るにいたる。「大いなる他者――近代日本の中国像」（『「アジア」はどう語られてきたか』所収、藤原書店、二〇〇三）を参照されたい。

（7）『日本書紀』崇神紀六年の記述。訓読は『日本書紀』（岩波文庫）による。

（8）『易経』（高田真治・後藤基巳訳、岩波文庫）の訳者は「観」卦・彖辞の意を次のように訳している。「神聖なる天道は仰ぎ観れば、四時の循環はいささかのくるいもない。聖人もこれにのっとり神聖な道理に従って政教を設けるから、天下の人々がこれに信頼するのである」。

（9）一九世紀における日本国家の再構築は、中国古代国家の翻訳的転移としての日本古代国家の形成をもう一度たどり直そうとする。しかしいまここで中国古代国家の翻訳的な再転移にあたって解釈コードをなすのは徂徠学である。

（10）尾藤正英「水戸学の特質」、『水戸学』解説（日本思想大系53、岩波書店、一九七三）。水戸学の形成をめぐって多くの示唆を同解説から与えられている。

(11) この徂徠の文章を引く篤胤の鬼神論については私の論文「「鬼神」と「人情」」(『〈新版〉鬼神論――神と祭祀のディスクール』所収、白澤社、二〇〇二)を参照されたい。

(12) 『徂徠集』巻十七。筆者の書き下しによる。

(13) 私は儒家鬼神論を鬼神祭祀・鬼神信仰に対する儒家知識人の理解の言説として、有鬼論、無鬼論的言説、そして有鬼・無鬼を問わない鬼神の解釈的言説の三種の言説的な類型化を行なった。鬼神祭祀の政治的・社会的意義を積極的に理解する徂徠の立場は代表的な有鬼論である。代表的な無鬼論を私は伊藤仁斎の倫理的立場に見ている。第三のそれは朱子学のものであり、近世日本で代表するのは新井白石である。詳しくは私の前掲著書『〈新版〉鬼神論――神と祭祀のディスクール』を参照されたい。

(14) 荻生徂徠の思想的言説が水戸学および国体論の形成に対してもった影響的関係については、尾藤正英「国家主義の祖型としての徂徠」(『荻生徂徠』解説、日本の名著16、中央公論社)参照。

(15) 『弁名』「天命帝鬼神」章(『荻生徂徠』日本思想大系36、岩波書店)。

(16) 『徂徠集』巻之八(上掲『荻生徂徠』日本思想大系・所収)。書き下しは筆者。

(17) 光緒二十四年(一八九八)の戊戌維新にあたって康有為は孔子教の国教化を上奏する。この国教化にあたって康有為に示唆を与えたのは天皇を最高の祭祀者とした祭祀的国家としての日本の新たな形成であった。孔教国教化をめぐる問題については、私の論文「近代中国と日本と孔子教」(『「アジア」はどう語られてきたか』所収、藤原書店、二〇〇三)を参照されたい。

(18) この引用は自筆稿本を底本とした岩波文庫版によっている。

(19) 救済論を思想課題としてもった篤胤国学については、私は早く『宣長と篤胤の世界』(中央公論社、一九七七）でその思想の全体像とともに論じている。同書はその後の私の篤胤論とともに『平田篤胤の世界』（ぺりかん社、二〇〇一）に収録されている。

（20）『霊の真柱』（子安校注、岩波文庫）および同書の解説を参照されたい。

解読4

国体論の文明論的解体
――福沢『文明論之概略』と国体論批判

「これを人身に譬えば、国体はなお身体の如く、皇統はなお眼の如し。眼の光を見ればその身体の死せざるを徴すべしといえども、一身の健康を保たんとするには、眼のみに注意して全体の生力を顧みざるの理なし。」

福沢諭吉『文明論之概略』

1 国体概念の既存性

国体という語をもってする日本国家の自己神聖化的な、あるいは自己尊厳化的な言説は、後期水戸学を代表する会沢正志斎の『新論』（一八二五成立）のうちに早く表明されていた。『新論』が国家的な危機の政治論として幕末の政治社会に大きな影響力をもった書であることはすでに私は前章にのべた。(1) 国家的な危機の政治論である『新論』は、したがって、日本国家の理念的な再構築の課題を国体論として幕末社会に最初に提示するのである。会沢は『新論』を「国体」「形勢」「虜情《りょじょう》」「守禦《しゅぎょ》」そして「長計」の五つの論から構成するが、その第一にあげる「国体」論の主旨を彼は、「一に曰く国体、以て神聖、忠孝を以て国を建てたまへるを論じて、遂にその武を尚び民命を重んずるの説に及ぶ(2)」とのべている。ここに国体観念が原型的に示されている。国体とは、国家成立のあり方によって説かれる国家特有の体裁であり、国がらである。かくて日本が皇祖神の正しい系譜を引く天皇の君臨する国家であり、その天皇との忠誠関係に立つ人民によって成る国家であること、そのことによって日本は世界無比の国体を称されるゆえんがあると説かれるのである。ここに絶対的な、すなわち世界無比の国体観が成立するのである。この国体観が、やがて「朕惟《おも》ふに、我が皇祖皇宗国を肇むること宏遠に、徳を樹《た》つること深厚なり。我が臣民克《よ》く忠に克く孝に、億兆心を一にして、世々厥《そ》の美を済《な》せるは、是れ我が国体の精華にして、教育の淵源亦実に此に存す」と説く『教育勅語』を経て、日本の正統的な国家イデオロギーとして近代日本を基本的に支配していくことになるのである。

私がいま『新論』によって国体概念をめぐっていうのは、この近代日本の正統的国家イデオロギーが水戸学という漢学的系譜を継ぐ幕末の思想集団に形成された国家観を起源とすることをいいたいためである。このことは日本に実現する近代と国家とを私たちが考え直す上で重要な問題を示唆するのである。その一つを挙げれば、世界無比のわが「国体」という概念そのものが「国家」や「民族」や「国語」などのいわゆる近代漢語概念とともに、「漢」的なものの近代的再構築として、いいかえれば近代日本における再領有化としてあるのではないか、ということである。後期水戸学派という幕末の儒家的教養をもった武士集団において構築された国体という概念は、新たな国家理念として近代日本国家に再領有化されていくのである。明治の変革に際して国体という理念は、新たな日本国家に領有されることを待ってすでにそこにあったのである。

2　国体論と文明論

福沢諭吉（一八三五―一九〇一）の『文明論之概略』（一八七五刊）にとっても国体をめぐる論はすでにそこにあったのである。この国体概念の既存性ということは重い意味をもっている。たしかに水戸学において国体は、古代天皇制国家の歴史を回想しながら再構築されたように、その概念の既存性は回想された歴史によって加重されている。それだけではない。王政復古という維新が掲げたスローガンは、皇祖の系譜を継ぐ天皇の君臨を最前提にした国体を来るべき国家にとって既定のものとしていたのである。

福沢は来るべき日本のための根本的文明化の設計図を描こうとしていた。しかし国体の概念は、来るべき国家の理念としてすでにそこにあったのである。福沢による日本社会の文明化論は、はじめから抗争的対象として国体論をもたざるをえなかったのである。『文明論之概略』を再読することで私は、福沢の文明論が国体論との抗争する言説であることにあらためて気づかされた。[3]

そのことは福沢の文明論を正統的言説としてきたのは戦後日本であって帝国日本ではなかったことを私に再認識させることでもあった。このことの再認識は、近代国家日本の歴史的帰趨を文明論と国体論との抗争的な緊張的な関係のなかで見定める視点を与えるのである。それは国体論の勝利に帰した日本の近代化（すなわち西洋先進国化）とは何かを問い直す視点でもあるだろう。

『文明論之概略』第二章で福沢は日本の文明化は西洋文明に定位したものであることを説いていく。「西洋の文明を目的とする事」がその章のタイトルである。西洋近代に定位した改革というのは、明治日本の政府も民間人も共有した改革的戦略であった。だが何を優先課題にし、どこからどこまで改革するのか、改革論は政争をともなって分裂し、対立していった。福沢の文明論も明治初年のこの抗争的な事態のなかにあったのである。「他の文明を取るの談に当たりて、先ず人の心に故障を感ぜしむる者は国体論にして、その甚だしきは国体と文明とは並立すべからざる者の如」きだと福沢はいう。日本文明化の推進論にとって障害物として、しかも人心を支配する重い既存性をもった障害物として立ちはだかっているのが国体論だというのである。ではこの国体論に福沢はどのように対するのか。

福沢はここで国体論と全面的な対決をしようとはしない。天皇制的国体論に共和制的国家論を対置するような極論的な対決を、福沢の言論的な戦略はとろうとはしない。『文明論之概略』が「議論の本位を定むる事」を初章にもっているように、議論という言論的な相互交渉の場と方法とをもつことが文明的市民社会成立の前提と考える福沢は、国体論を議論可能な主題と枠組みへと変容させるのである。議論不可能な絶対的国体論を相対的国体論へと変容させるのである。その変容とは、明治の変革に既存性をもって重く影を落とす国体論を文明論的に読み替え、組み替えていこうとする言説的作業である。明治の人民に絶対的な所与としてあてがわれようとする国体の論を、人民の意志と智力と相関的な、可変的な契機をもった国家の形態の議論へと変容させようとするのである。それは国体論の文明論的な脱構築というべきものである。それは国体概念の全否定といった議論ではない。だが福沢が国体概念をめぐってする読み替え、組み替えの言説的作業の徹底さにおいて、『概略』に見る議論はこれ以後に例を見ないような国体論との対決だといっていい。

3　国体概念の脱構築

福沢はいわゆる国体論を構成しているものを三つの側面に分けながら論じていく。まず第一は、天皇─臣民的国家という日本国家特有の体裁という意味での国体観念をめぐる問題である。福沢はこの国体をナショナリティの概念をもってとらえ返していく。国体がナショナリティ概念をもってとらえ直されることによって、それぞれの国の国民性というように国体概念は相対化される。と同時に国体概念の中心に人民（国民）が位置を占めることになる。これを福沢は「国体」という。

第二は、たとえば立君的な国家権力体制が正統的であるという意味での国体観念の問題である。福沢はそれを政治的権力体制の正統的認知（ポリチカル・レジチメーション）の問題として、「国体」とは別の「政統」の問題だとするのである。いわゆる「国体の断絶」について福沢は、「政統（政治権力体制）」の変化と「国体（ナショナリティ）」の連続・不連続とは別の問題だというのである。この「政統」という概念は、国体概念の可変的契機にかかわって特立される概念だとみなされる。

第三が皇統の連続性という、日本の国体観念の中心をなしている問題である。福沢はこれを「血統」論として展開する。「血統」と「国体」とが対置されながら、国家の連続性とは何かというもっとも重要な問題がスリリングな形で論じられていく。(4)

ここに概括したように福沢の議論はいわゆる国体論の文明論的な解体、あるいは文明論的な読み直し、組み替えの議論である。日本の国体論を構成してきた問題を三つに分割しながら、それらを「国体」「政統」「血統」論として解体的に読み直していくのである。それはまさしく国体論のディコンストラクションというべき作業である。まず第一の「国体」の論から見よう。

3－1 絶対的国体論の解体

「第一　国体とは何物を指すや。世間の議論は姑《しばら》く擱《さしお》き、先ず余輩の知る所を以てこれを説かん。体は合体の義なり、また体裁《ていさい》の義なり。物を集めてこれを全うし他の物と区別すべき形をいうなり。故に国体とは、一種族の人民相集《あつまり》て憂楽を共にし、他国人に対しては自他の別を作り、自《みず》から互《たがい》に視ること他国人を視るよりも厚くし、自から互に力を尽すこと他国人の為にするよりも勉め、一政府の下にいて自から支配し、他の政府の制御を受るを好まず、禍福共に自から担当して独立する者をいうなり。西洋の語に、ナショナリチと名《なづく》るもの、これなり。およそ世界中に国を立るものあれば各《おのおの》その体あり。支那には支那の国体あり、印度には印度の国体あり。西洋諸国、何れも一種の国体を具えて、自からこれを保護せざるはなし。」

ここで福沢は国体をネイション（国家・国民）の概念をもって置き換えようとする。ここでなされているネイションの定義はJ・S・ミルの『代議政体論』の「ナショナリティ」の定義が下敷きにされている。人民が相集まって一政府のもとに他国と区別される国家を自立的に形成し、自からを独自な国民として構成していくという、ヨーロッパ的なナショナリティの概念にしたがって国体概念は再構成されるのである。他国と区別されるような国民的結合の成立するゆえんについて福沢は、「人種の同じきに由る者あり、宗旨の同じきに由る者あり、あるいは言語に由り、あるいは地理に由り、その趣き一様ならざれども、最も有力なる源因と名づくべきものは、一種の人民、共に世態の沿革を経て懐古の情を同うする者、即ちこれなり」と、ルナンの国民論を思い起こさせるような人民における歴史の共有にもっとも大きな理由を見ている。(5) こうしてナショナリティ概念によって再構成される国体概念は、それぞれの国に特有の国体として、「支那には支那の国体あり、印度には印度の国体あり、およそ世界中に国を立つるものあればまた各《おのおの》その体あり」というように相対的な国体観に立つものである。福沢によるこの国体概念の再構成は、唯一無比の国体という絶対的な国体観に対立する。「金甌無欠《きんおうむけつ》」という国体の修飾語は、世界無比の日本の国体を修飾するものとして一九四〇年代の国体論的言説に氾濫するが、すでに明治初期の絶対的な日本国体を修飾するものであったのである。福沢によるナショナリティ概念による国体概念の再構成は、まずこの絶対的な国体観を相対化するのである。そしてさらに国体概念の中心に人民(国民)を位置づけていくのである。ここに新たな国体概念が成立する。

人民を主体にした新たな国体概念の成立とともに、国家の連続・不連続をめぐって重要なメッセージが発せられることになる。この国家の連続とは何かとは、最後の「血統」論にいたるまで、福沢の国体論を貫く問題関心であり、重要な問題提起でもある。

3-2 国体の断絶とは

福沢のいう国体概念は、歴史的に不動・不変の同一性を保つ絶対的な国体ではない。「国体はその国に於いて必ずしも終始一様なるべからず、頗《すこぶ》る変化あるものなり。あるいは合しあるいは分かれ、あるいは伸ぶる者ありあるいは蹙《ちぢ》む者あり、あるいは全く絶えて跡なき者あり」と福沢はいう。しかし国体が絶えるとはどういうことか。

「その絶《たゆ》ると絶えざるとは、言語宗旨等の諸件の存亡を見て徴すべからず。言語宗旨は存すといえども、その人民政治の権を失うて他国人の制御を受るときは、則ちこれを名《なづけ》て国体の断絶したるものという。」

「国体の断絶」という言葉は日本現代史において重い意味をもっている。「国体の断絶」への恐れから日本の権力者が終戦の決断を遅らせ、その結果広島・長崎をはじめとしたあの数え切れぬ多数の一般国民の無意味な死をまねいたことは周知のことである。そのような多数の人民の死によっても守られねばならぬ国体とは何であったのか。福沢の人民を主体とした国体概念からすれば、日本の戦争終結はこの人民的国体を犠牲にして、天皇制的国体を護持したことになる。日本の人民にとっての悲惨ともいうべきこの事態に先立つこと八十年前に福沢はいうのである。国体の断絶とは王家の断絶といったことではない。「その人民政治の権を失うて他国人の」支配を受けることだと。そして「印度人が英に制せられ、亜米利加の土人が白人に逐われたるが如きは、国体を失うの甚だしきものなり」と。守らねばならないのは一国人民の独立の権である。一国人民が独立的国民であること、国体を護持するということはそういうことである。これはまさしく国民主義（ナショナリズム）に立った国体観である。一国の国体とは、一国国民の独立したあり方である。

3-3　政治体制の変革可能性

ここで第二の「政統」の問題に移る。その国においてある形態をもった政治体制が正統性をもつとはどういうことかという問題、すなわち「ポリティカル・レジチメーション」という問題を福沢は政統論という。ここで福沢が国家の体裁としての「国体」と「政統」とを区別するのは政治体制の可変性にかかわってである。その国で正統性をえていた政治体制が変革されるということはありうることである。それは政統の変化であって国体の変化ではないと福沢はするのである。

政統の変革はしばしば戦争により、武力を用いてなされてきた。「支那にて秦の始皇が周末の封建を殪《たお》して郡県と為し、欧羅巴《ヨーロッパ》にて羅馬《ローマ》の衰微するに従い、北方の野蛮これを蹂躙《じゅうりん》して後、遂に封建の勢を成したるも、この例なり」と福沢はいう。だが「人文漸く進みて学者の議論に権威を増す」にしたがって、人は武力をもちいずに政統の変革をなすにいたった。

「譬えば英国にて……政権の事に付き内乱に及びたるは千六百年の央《なかば》より末に至るまでのことにて、千六百八十八年ヰルレムが位に即《つ》きしより後は、この事に付き絶て干戈《かんか》を邦内に動かしたることなし。故に英の政統は百六、七十年の間に大《おおい》に変革したれども、その間に少しも兵力を用ることなく、識らず知らず趣を改めて、前の人民は前の政を本筋のものと思い、後の人民は後の政を本筋のものと思うのみ。」

英国における武力によらない無事の変革への福沢の言及は、日本における政統の変革の可能性を示唆する。国家における正統的な権力体制の変革可能性についてのこの福沢の言及は、福沢国体論の戦略的な意図を明らかにしている。「国体」「政統」そして「血統」に分節化しながら論じられる福沢の国体論のねらいは、金甌無欠の国体という無傷の連続性に立った絶対的な国体観に変革可能性の空気を吹き入れながら頑固な枠組みを揺るがすことである。日本国家の国民であること（国体・ナショナリティ）と国家の政治的体制（政統・ポリチカル・レジチメーション）とは区別されなければならない。だから政統が変わっても国体が変わるということではないのだ。「政統の変革は国体の存亡に関係するものにあらず。政治の風は何様《いかよう》に変化し幾度の変化を経るも、自国の人民にて政を施すの間は国体に損することなし」と福沢はいうのである。国体の断絶は政統の改廃ではない。国体の断絶とは一国民の独立性の喪失だと福沢はいうのである。

福沢はこのように一国人民の独立的持続こそがまことの国体の持続だというのである。それはたとえば君主政治という国家政体の持続をいうことではない。福沢の展開するのは国民主義（ナショナリズム）に立った国体論である。この国民主義が対外的な国家主義（ナショナリズム）として発動されるとき、他国国民の独立を蹂躙していくことを福沢はすでに先進国の事例によって知っているはずである。戦争は世界無上の禍いであるけれども、戦争を事とするのは外ならぬ文明的な西洋諸国間であることを福沢は承知している。また西洋先進国の植民地主義がアジア諸国民の独立を蹂躙していることの認識は、福沢における一国独立論への強いモティーフをなしている。だが、福沢の一国・一国民独立への強い志向は、日本を先進文明国のコースにしたがわせるのである。[6] それは明治のナショナリズムがたどらざるえない不可避な道であったのか。私たちは日本が先進文明国のコースにしたがっていった二〇世紀の歴史的な結果を知っている。福沢が投じているのは、私たちがその歴史にあらためて直面して二一世紀における自分を問い直す課題である。

3-4　血統と国体の連続性

福沢の国体論はいま伝統的な国体観における根幹的問題にさしかかっている。すなわち皇統の連続性の問題である。福沢はあらためて「国体」と「政統」と「血統」の別をいいながら、歴史におけるそれらの連続・不連続の実際例を挙げることから説き始める。

「国体と政統と血統とは一々別のものにて、血統を改めざれども政統を改《あらたむ》ることあり。英政の沿革、仏蘭西《フランス》のカラウヒンジヤ（カロリンガ）の例、これなり。また、政統は改れども国体を改めざることあり。万国その例甚だ多し。また血統を改めずして国体を改ることあり。英人荷蘭人《オランダ》が東洋の地方を取て、旧の酋長をばそのまま差置き、英荷の政権を以て土人を支配し、兼ねてその酋長をも束縛するが如き、これなり。」

血統は続いたが、しかしその反面国体が失われてしまった場合を福沢は英人による東洋の植民地支配を例にあげていう。これは血統論者への痛烈な皮肉であろう。そのことはともかく、歴史は「国体」「政統」「血統」の三者がともに変わることなく持続した実例を示すことはない。日本の歴史もまた頻繁な政統の変革を伝えているではないか。わが朝廷との関係で政権の推移を見ればこうである。

「初《はじめ》は国君、自から政を為し、次で外戚《がいせき》の輔相《ほしょう》なる者、政権を専らにし、次でその権柄《けんぺい》、将家に移り、また移て陪臣《ばいしん》の手に落ち、また移て将軍に帰し、漸く封建の勢を成して慶応の末年に至りしなり。政権一度び王室を去てより、天子はただ虚位を擁するのみ。山陽外史、北条氏を評して、万乗《ばんじょう》の尊を視ること孤豚の如しといえり。その言、真に然り。」

政権の推移変化を記述する福沢の筆は結果として、わずかに虚位として天子の位を保つに過ぎない朝廷の姿を伝えるのである。北条氏の専横が天子の尊位を「孤豚の如し」と評したことをいう山陽外史を引きながら福沢は、「真に然り」とその評に賛意を示してさえいる。国体論者の誇る皇統の連続性の実態とはかくのごときに過ぎないのだ、と。だが世の通論は国体と血統とを混同してしまい、それればかりではない、血統を重視して国体を軽んじてしまっている。福沢はこの問題を人身にたとえて、「国体はなお身体の如く、皇統はなお眼の如し」としてこういっている。

「眼の光を見ればその身体の死せざるを徴すべしといえども、一身の健康を保たんとするには、眼のみに注意して全力の生力を顧みざるの理なし。全体の生力の衰弱する所あれば、その眼もまた自《おのず》から光を失わざるを得ず。あるいは甚しきに至ては、全体は既に死して生力の痕跡なきも、ただ眼の開《あ》くあるを見て、これを生体と誤認《あやまりみとむ》るの恐れなきにあらず。英人が東洋諸国を御するに、体を殺して眼を存するの例は少なからず。」

ここには啓蒙的な言説のもっとも健全な姿がある。健全さは国家観の健全さである。国家の健康はその身体すなわち人民の健康にあるという正常な原則がここに貫かれている。日本の近代史の展開はむしろ皇統優位の国体観をもってその原則を転倒させていったのではないか。「体を殺して眼を存する」というイギリスによる植民地支配の事例は、血統にこだわる国体論者への痛烈な皮肉である。護持すべき国体の連続性とは血統の連続性なのか。福沢によるいわゆる国体論への文明論的な批判は、その核心的な部分に向けられている。

3-5 護持すべき国体の連続性

では国体として何が護持されなければならないのか。いわゆる国体論は、連綿たる皇統の連続性をもって「金甌無欠《きんおうむけつ》」の国体を主張していた。福沢はこの形容句をもっていわれる国体論的言説を批判的に読み替えていく。「然らば則ち彼の金甌無欠とは、開闢以来国体を全うして、外人に政権を奪われたることなきの一事に在るのみ」と。護持されなければならないのは、自国と人民の独立性である。この意味での「国体」こそが「国の本」であり、「政統も血統もこれに従て盛衰」するといわざるをえないのだと福沢はいう。国体論的史論がその展開の歴史的舞台とする南北朝期をふりかえってみても、「王室にて政権を失い、また血統に順逆」があったとはいえ、それは「金甌無欠の日本国内にて行われた」ことであった。日本国に変動があったわけではないと福沢はいうのである。「金甌無欠の国体」観は徹底して解構（ディコンストラクト）される。ここで解構されているのは皇統史としての日本史である。

皇統連綿としての国体ではなく、ネイションとしての国体の護持が真剣に考えられなければならないのは、むしろいま、強い軍事力をもった先進文明国が「日本国の周囲に輻輳せ」るいまである。「この時に当《あたり》て日本人の義務は、ただこの国体を保つの一箇条のみ。国体を保つとは、自国の政権を失わざることなり。政権を失わざらんとするには、人民の智力を進めざるべからず。」人民の智力の増進、すなわち文明化とは、現在の歴史的環境における日本の国体を保持するための緊急の課題である。文明化とは福沢において、西洋文明を目的とした国家の人民的な基底からする改革である。いまや西洋文明を「取るに於て何ぞ躊躇することをせんや。断じて西洋の文明を取るべきなり」と、福沢は文明論的立場からする国体論批判をしめくくっていこうとする。

4 古習の惑溺

国体を保持するには、人民の智力を前進させること、すなわち文明化こそ日本の喫緊の課題だと福沢はいう。ではその課題の遂行はどこから着手すべきか。「智力発生の道に於て第一着の急《きゆう》須《す》は、古習の惑溺《わくでき》を一掃して、西洋に行わるる文明の精神を取るにあり」と福沢はいう。文明の精神の摂取は古習に惑溺する、習慣化された精神態度の一掃とともになされることである。福沢の国体論批判は、国体論を支えている惑溺的精神態度への批判をもってしめくくられることになる。

丸山眞男はこの「惑溺」という福沢の用語をめぐって、その語にとらわれたような詳しい考証をしている。(7)「現実に作用する仕方というものを問わないで、そのもの自身を尊いとする考え方(8)」が福沢のいう「惑溺」だと丸山はそこでいっている。この丸山の「惑溺」の理解は、いま私たちが問題にしている国体論を支える精神態度への批判の文脈で福沢がいう「物の貴きにあらず、その働《はたらき》の貴きなり」の言葉によるものである。丸山による「惑溺」理解を構成するこの福沢の言葉は、「この君国並立の貴き由縁《ゆえん》は、古来我国に固有なるが故に貴きにあらず、これを維持して我政権を保ち我文明を進むべきがゆえに貴きなり」という発言に続けていわれているのである。いま、丸山の「惑溺」をめぐる上の理解はそれとして、福沢がこの文章で何を問題にしているかを考えてよう。

「皇統」と「国体（ネイション）」とが並立し、その形で存立し続けている日本の政治権力を「君国並立」的政権と福沢はいう。この「君国並立」という日本の政権に世界無比の至上性をあたえているのは皇統の連続性だと国体主義者はいい、人々もそう信じている。だが人々は政権が実際に権威ありとされるのは本来何によってであるのかを見ようとはしない。ただ政治権力がみずからの権威のゆえんとして表立ててきたこと、たとえば皇統の連続性といったことによって国体主義者は政権の正統性と至上性とを説いてきたのである。これを福沢は「虚威」というのである。「開闢草昧の世」を借りて福沢はいう。「人民皆事物の理に暗くして外形のみに畏服するものなれば、これを御するの法もまた自ずからその趣意に従って、あるいは理外の威光を用いざるを得ず。これを政府の虚威という」と。虚威としての政権は虚威である己れのあり方を自己増殖させていくのである。

「一度び虚を以て威権を得れば、その虚威の行わるるに乗じてまた虚威を振い、虚威よく人をして虚威を恣《ほしいまま》にせしめて、習慣の久しき遂に虚を以て政府の体裁《ていさい》を成し、その体裁に千状万態の脩飾を施し、脩飾いよいよ繁多なればいよいよ世人の耳目を幻惑して、顧て実用のある所を失い、ただ脩飾を加えたる外形のみを見て、これを一種の金玉と思い、これを眷顧《けんこ》保護せんがためには、他の利害得失を捨てて問わざるに至り、あるいは君主と人民との間を異類のものの如く為して、強いてその区別を作為し、位階、服飾、文書、言語、悉皆《しっかい》上下の定式を設《もう》くるものあり。」

脩飾に脩飾を重ねて虚威を作り上げている物、「位階、服飾、文書、言語」といった物こそ、政権にあるものがとらわれ、その下にあるものが幻惑されている物である。それは物化された支配のイデオロギーである。この虚威を作り上げている物にとらわれ、惑わされているあり方を福沢は「虚威に惑溺したる妄誕」というのである。福沢が「物の貴きにあらず、その働の貴きなり」というのは、この虚威を構成する物への惑溺に向けていっているのである。その惑溺が東洋的な皇帝的「神政府」の専制をもたらし、その虚威に眼を眩まされた人民の盲従をもたらしているのである。文明の精神とはこの「虚威に惑溺したる妄誕」を絶つことである。すでに文明の何たるかを知る人民に対して政府のすることは、「ただ道理に基きたる約束を定め、政法の実威を以てこれを守らしむるの一術あるのみ」である。福沢が「その働」が貴いというのは、このことである。

「然るに今、実を棄てて虚に就き、外形を飾らんとしてかえって益《ますます》人を痴愚に導くは、惑溺の甚しきなり。虚威を主張せんと欲せば、下民を愚にして開闢の初に還らしむるを上策とす。」

福沢の文明論とは、この虚威への惑溺と戦う言説である。虚威がいっそう虚威を求め、その外形的権威による修飾にとらわれる人民をいっそう愚かにしていくのである。たしかにそうではないか。新しい文明的出発をいう明治国家は神武天皇の肇国神話によってみずからを飾ろうとしていったのではないか。福沢の言葉をもう一度読もう。「虚威を主張せんと欲せば、下民を愚にして開闢の初めに還らしむるを上策とす」と。日本の近代国家としての実現が人民を順良な臣民とした天皇制国家としての実現であったことを、私たちは何度も福沢の言葉を噛みしめながら考えねばならない。

注

（1）解読3「祭祀国家日本の理念とその成立――水戸学と危機の国家神学」。

（2）会沢正志斎『新論』（『水戸学』所収、日本思想大系53、岩波書店）

（3）私の『文明論之概略』再読の記録は『福沢諭吉『文明論之概略』精読』（岩波現代文庫、二〇〇五）である。本稿もこの再読の上に成るものである。なお『文明論之概略』は岩波文庫版（松沢弘陽校注、一九九五）によっている。

（4）「国体」「正統」「血統」の三論は、本文でいうように日本国体論を構成する三つの側面なり契機に即してなされる脱構築的読み直し論である。もっぱらギゾー文明論との関係を重視しながら説く丸山真男の『「文明論之概略」を読む』上（岩波新書）は国体論のこの三論への分節化の意味を充分にとらえていない。

（5）エルネスト・ルナン「国民について」（『国民とは何か』所収、鵜飼哲訳、インスクリプト、一九九七）。

（6）日本を先進欧米文明国に従って独立した文明国として確立しようとする政治コースが、欧米の植民地支配をも模倣し、アジアの先進国として植民地支配を再現せざるをえないことになる屈折を、福沢は明治十五年（一八八二）の時事的文章でこういっている。「印度支那の人民が斯く英人に窘《くる》しめらるるは苦しきことならんが、英人が威権を擅《ほしいまま》にするは又甚だ愉快なることならんとて、一方を憐れむの傍に又一方を羨み、吾れも日本人なり、何れの時か一度は日本の国威を燿《かがや》かして、印度支那の土人等を御すること英人に倣《なら》うのみならず、其の英人をも窘しめて、東洋の権柄を我が一手に握らんものをと、壮年血気の時節、窃《ひそ》かに心に約して今尚忘るること能わず」（「時事新報社説」明治十五年十二月十一日、『福沢諭吉選集』第七巻、岩波書店、一九八一）。

（7）丸山眞男「福沢における「惑溺」」（丸山『福沢諭吉の哲学』松沢弘陽編、岩波文庫）。

（8）上掲「福沢における「惑溺」」。『読む』でも丸山は、「あるものを使う本来の目的がどっかへ行ってしまって、そのものの具体的な働きにかかわらず、「もの自体」が貴重とされる。そういう思考傾向を惑溺というのです」（上・一九八）といっている。

解読5

道徳主義的国家とその批判
――福沢「智徳論」の解読

「堯舜の治も羨むに足らず、忠臣義士の行いも則るべからず。古人は古えにありて古えの事を為したる者なり。我は今にありて今の事を為す者なり。」

福沢諭吉『文明論之概略』

「往昔西羅馬の滅亡せしが如きは全く其の国民が道徳を失ひ、人心腐敗せしに因れることは歴史上に昭々たり。」

西村茂樹『日本道徳論』

1　批判的言説としての文明論

福沢諭吉の『文明論之概略』(1)を読むと、彼の文明論、あるいは日本文明化の論が何も書かれていない素地に何かを描き出すように述べられたものではないことを知るのである。福沢は自論の展開にとって障碍になるものをもっていたし、批判的、対抗的に自論を展開せねばならない対象をいくつももっていたのである。それゆえ『概略』における福沢の文明論は戦う言説、抗争する言説という性格を強くもっているのである。これは私の『概略』再読がもたらした驚きに似た発見であった。[2]『文明論之概略』とは教養主義的な読書の対象としての啓蒙書ではない。『概略』の文明論がすでに批判的言説としてあり、批判的対象を明確にもっていることは、やがて実現する近代日本を考える上で重要な問題を示唆している。

福沢の『概略』における文明論的言説を、西洋に理念型的な「近代」をとらえる立場からする日本の最初の、そしてもっともラジカルな近代主義的言説だとみなすことができる。日本のこの近代主義は、それが掲げる理念的「近代」の日本における創出ないし実現を主張する言説であるとともに、それは同時に抗争し、批判すべき対象を日本の同時代にもった批判的言説でもあった。後のもっともよき理解者として福沢を継ぐ丸山眞男において、その近代主義が戦後社会の批判的言説としてあったように、福沢における最初の近代主義もすでに批判的言説としてあったのである。そのことは福沢における近代主義が成立するそのときに、すでにその近代主義は言説的に批判的対抗を必要とするものを近代黎明期の日本にもっていたということである。それは自らを近代主義というように対抗的に規定する前近代社会なり封建社会をいうのではない。それは出自を前近代にもちながら、来るべき日本近代に大きな規定力をもって存在している何かである。福沢文明論が批判的に対抗しているのはそれである。その対抗は、将来への予知的な恐れをもった対抗であった。

私たちは『文明論之概略』の成立から一三〇年後の日本にいる。福沢文明論が一三〇年前に恐れをもって予知的に対抗していたものが、日本の近代国家形成史の上にいかなる形で実現していったかを私たちは知っている。それは一九三〇―四〇年代の丸山たちが批判的に対決していったもの、すなわち近代天皇制国家としての日本である。私たちはすでに歴史における答えを知っている。では私たちはどのように近代黎明期における福沢の文明論的言説をいま読むべきなのか。私は二つの視点から『概略』を読もうとしてきた。一つには、近代黎明期にあってすでに福沢の近代主義が、日本の国家的将来における恐れをもって対抗していたものが何かを明らかにすることである。それは近代国家としての日本のある方向への形成を、言説的抗争における国家の抑圧的な選択として見ることを可能にするだろう。これは歴史に国家形成の必然性よりは国家的恣意を読みとろうとする考古学的解読である。もう一つは、批判的言説として福沢文明論を読むことである。それは福沢文明論の批判主義を私たちの思想的な武器として再利用するためである。西洋的「近代」を理念とした批判主義を、今度はこの近代国家に制度化された「近代」を批判的に解体するための武器にするためである。

私はさきに後期水戸学において構成された天皇制的祭祀国家という「国体」の理念が、日本の近代国家形成の上に重大な意味をもつことを指摘した。[3] そして福沢の『概略』における文明論は、この「国体」理念のラジカルな脱構築的な言説としてあったことを私は前章にのべた。[4] 福沢は明らかにこの「国体」の理念が歴史のなかで受肉化し、近代日本国家として実現されることに強い恐れをもっていたのである。そしてもう一つ福沢文明論が危惧をもって予知的に対していたものがある。それは家族的情誼関係や儒教的道徳論を培養基にして形成される道徳主義的な国民国家の形成に対してである。『文明論之概略』における「智徳論」は新たな文明的社会における知性とモラルの形成を、儒家的道徳主義と、伝統の情誼的社会に対する強い批判とともに説いていくのである。『文明論之概略』における「智徳論」は、このような視点から読み直されねばならないのである。

2 「智徳論」の課題

『文明論之概略』の第六章は「智徳の弁」である。すなわち智と徳とを区別して、智とは何か、徳とは何かを明らかにすることである。しかし東洋的伝統、ことに儒教の伝統的な考え方からすれば智と徳とは対置される概念ではない。「智徳」といえば智という徳であり、智と徳とではなかったのである。「仁義礼智」と連称されるように、智とは徳の一つであった。それは人間の内面の叡智、何が善であり、悪であるかを明らかにするような心の叡智であった。儒教では最高の叡智を備えた存在が聖人とされたのである。とすれば、いま福沢が「智徳」を「智と徳」とに弁別しようとするすること自体が儒家の伝統的な道徳観の批判的な解体作業といえるのである。

「智徳」の解体的区別によって文明的な「知性」と「モラル」とが成立してくるのである。福沢はまず智と徳を区別し、さらにそれぞれに公私の別を設け、四種類に区別していく。既存の概念を分割し、区分して近代概念を再構成する作業は、西周《にしあまね》（一八二九―九七）が『百一新論』ですることでもある。(5) この区分・分割という作業は、既存概念の解体を通じての新概念の再構成作業である。ここで解体されるのは儒家的概念である。

「徳とは徳義ということにて、西洋の語にてモラルという。モラルとは心の行儀ということなり。一人の心の内に慊《こころよ》くして、屋漏《おくろう》に愧《は》じざるものなり。智とは智恵ということにて、西洋の語にてインテレクトという。事物を考え、事物を解し、事物を合点する働《はたらき》なり。
またこの徳義にも智恵にも、各《おのおの》二様の別ありて、第一、貞実、潔白、謙遜、律儀等の如き、一心の内に存するものを私徳といい、第二、廉恥、公平、正中、勇強等の如き、外物に接して人間の交際上に見《あら》わるる所の働を公徳と名《なづ》く。また第三に、物の理を究めてこれに応ずるの働を私智と名け、第四に、人事の軽重大小を分別し、軽小を後にして重大を先にし、その時節と場所とを察するの働を公智という。故に私智、あるいはこれを工夫の小智というも可なり。公智、あるいはこれを聡明の大智というも可なり。」

福沢は徳を私徳と公徳の二種に区別し、智を私智と公智の二種に区別し、この四種のうちでもっとも重要なのは「第四条の大智なり。けだし、聡明叡智の働あらざれば、私徳私智を拡めて公徳公智と為すべからず」という。智と徳との働く私的と公的場面の違いにしたがって四種が区別される。徳については己れ一身における心のもち方にかかわる私徳と、人びととの交わりにかかわる社会的道徳・公徳とが区別されている。智については個別的な場面、あるいは個別的な事柄に関する人の工夫を私智とし、社会・国家全体を背景にした、また歴史を通観しての人の判断・認識を公智としている。この公智を福沢は事柄の軽重大小を分別して重大事を優先させ、公私を区別して公的立場で物を考えるような働きとして「聡明の大智」というのである。しかもこの大智こそもっとも重要だというのは、一己個別の立場にとらわれずに国家社会の真の利益を考え、昨日今日の判断ではなしに長い歴史的間尺でものを考えるような知性こそ文明的な知性として求められるものだとしているからである。

だが「智徳」を四種に区別し、「聡明の大智」こそもっとも重要だということでこの章の課題は果たされたわけではない。智と徳とを区別し、知性を徳性から独立させ、知性の働きを徳に優位するものと説くこと自体が伝統的な理解の抵抗に会わざるをえないのだ。たとえば軽重大小を分別して重大事を優先させ、公私を区別して公の立場によって物を判断しようとする働きを福沢は「聡明の大智」というが、その働きはむしろ「大徳」というべきではないか。なぜ福沢はそれを大智といい、大徳といわないのか。福沢は答える。伝統的な儒家道徳論における徳とは、「結局、外に見わるる働よりも内に存するものを徳義と名《なづ》くるのみにて、西洋の語にていえばパッシーウとて、我より働くにあらずして、物に対して受身の姿と為り、ただ私心を放解《ほうげ》するの一事を以て、要領と為すが如」くである。だが求められる「大智」とは、この受身の徳とは逆の精神の働きである。いま必要なのは智を徳からはっきり弁別し、その弁別によって智を文明的知性として再構成することである。

智を文明的知性とし、徳を文明的社会のモラルとして新たに再構成するためには、内面重視の言語をもって語られてきた伝統的な儒教的心性論や道徳論とのねばり強い批判的な対決がなされなければならないのだ。『概略』第六章「智徳の弁」の大半はこうした対決に費やされている。私たちが現在用いることのできる知性とは、福沢らのこうした対決の労に購われてだといえるのである。

3　智・徳の区別と再構成

伝統的には「智」とは人の内具する叡智としての徳であった。いま福沢はこの智を徳から区別し、文明的知性として再構成しようとする。そのためには智と徳とがあらためてそれぞれに概念構成されなければならない。ここで行なわれる智・徳を区分し、それぞれに概念構成していく作業は、伝統的な儒家概念を解体・変容しながら文明的概念として再構成する作業である。福沢がここでしている作業は多面的で、詳細である。私はここではただその作業の一部によって、その作業の性格を明らかにするにとどまる。

「徳義は一人の心の内にあるものにて、他に示すための働にあらず。脩身といい、慎独《しんどく》といい、皆外物に関係なきものなり。……故に徳義とは、一切外物の変化にかかわらず、世間の譏誉《きよ》を顧ることなく、威武も屈すること能わず、貧賤も奪うこと能わず、確乎不抜、内に存するものをいうなり。」

「智恵は則ちこれ異なり。外物に接してその利害得失を考え、此の事を行うて不便利なれば彼の術を施し、我に便利なりと思うも、衆人これを不便利なりといえば、輙《すなわ》ちまたこれを改め、……外物に接して臨機応変、以て処置を施すものなれば、その趣全く徳義と相反して、これを外の働といわざるを得ず。」

福沢はここで徳を「一人の心」のもちようとし、その働きを一人一家という私的な内部領域に限定する。徳ないし道徳が伝統的にそうであったわけではない。徳をまったく心性概念とし、仁義礼智を人の本性としての本体論的概念としたのは朱子の性理学である。その朱子においても仁の徳とは天地の物を生み出す心であり、人にあっては他者に及ぶ慈愛の心だと説かれたのである。[6]だから福沢がここで徳を一心に内部化し、その働きを一人一家的領域に限定するのは、智・徳を対立概念として区分する福沢が批判的に再構成する「徳」の概念だということができる。徳を一心に内部化させることの反面として、智は徳から区別されて外部化され、その働きのいっそうの社会性が取り出されてくるのである。智は人間の外部世界における物に接しての認識と応用の働きとなり、その働きは方式化され、また認識の結果は公式化されて万人に利用可能な公共のものとなるのである。

「徳義の事は形を以て教ゆべからず。これを学て得ると得ざるとは、学ぶ人の心の工夫にありて存せり。譬えば、経書に記したる克己復礼《こっきふくれい》の四字を示して、その字義を知らしむるも、固《もと》よりいまだ道を伝えたりというべからず。故にこの四字の意味をなお詳《つまびらか》にして、克己とは一身の私欲を制することなり、復礼とは自分の本心に立ち返りて身の分限を知ることなりと、丁寧反復これを説得すべし。教師の働はただこれまでにて、他に道を伝るの術なし。この上はただ人々の工夫にて、あるいは古人の書を読み、あるいは今人の言行を聞見して、その徳行に倣《なら》うべきのみ。いわゆる以心伝心なるものにて、あるいはこれを徳義の風化という。」

「風化は固《もと》より無形の事なれば、そのこれに化すると化せざるとに就ては、試験の法あるべからず。あるいは実に私欲を制したりと思い、あるいは分外の事を為しながら、自分には私欲を恣《ほしいまま》にしながら、自分には分限を知ると思う者もあるべしといえども、その思うと思わざるとは、教る人の得て関すべきにあらず。ただこれを学ぶ人の心の工夫に存するのみ。」

徳を人に教えるとは、その徳の意義を言葉をもって説き聞かせるまでだ。その徳が学習者の心にほんとうに得られたかどうかは、教師の関することではない。もっぱら学習者の工夫にかかわることである。読書によって、あるいは先人に習ってみずから徳に化する工夫をすることである。ところで徳に化したかどうかは、外部からは知りようがない。徳化とは無形の心のレベルの問題であり、外から試験してその合否を決めることはできないし、数値化することもできない。内に私欲を恣にしながら、外に君子を装う「偽君子」が生まれるのは、徳化がもともと無形の事だからである。「真に天を恐るるも、偽りて天を恐るるも、外人の目を以て遽《にわ》かに看破すべき所にあらず。これ即ち世に偽君子なる者の生ずる由縁なり」と福沢はいうのである。では偽智者はあるのか。徳の教えがもっぱら人の心のレベルに終始し、その成果も外側から確かめようがない無形の教化であるに反して、智の教育はだれもが利用し、従うことのできる客観的な手順と方式とをもった有形の教化であり、その成果も試験によって実地に計ることのできるものだ。もし航海者が船を操ることができなければ、彼がほんとうに航海術を得ていないからで、そのことは実地に明らかとなる。だから智恵の世界には偽智者を許す余地はないと福沢はいうのである。

福沢によるこの智の再構成作業は、伝統的な徳の概念を否定的なものへと規定し直すことの反面になされる作業である。徳は人心に内面化され、徳目は進歩のない保守的な心の準則とされ、徳化はその成果を検証しようのない曖昧な心の教育とされるのである。智はこの否定的な徳の反対側に、肯定的な文明的な知識・知性として再構成されるのである。

ところで福沢のここでの課題は智と徳とを新たな文明的な知性とモラルとして再構成することであったはずである。だが実際に福沢によってなされたのは、伝統的な徳概念についての徹底した批判的解体作業であった。さきに福沢が「公徳」といった人間交際上の社会的モラル、すなわち文明社会における道徳がこの批判的解体作業を通して再構成されたわけではない。徳の否定的作業を通して生まれたのは、徳から切り離され、その否定的徳の向こう側にある肯定的な智、すなわち文明的な知識・知性であった。あるいは福沢はこの文明的な知性こそ新たなモラルをもたらす知性だと考えたのかもしれない。たしかに後で福沢が、「故に私徳は野蛮草昧の時代に於てその功能最も著しく、文明の次第に進むに従て漸く権力を失い、その趣を改めて公徳の姿と為り、云々」といっているところを見れば、社会的に智力が充実して文明が進めば、私徳は公徳（社会的道徳）として変質し、発展するといっているのである。これからすれば、福沢がいまの日本にあってとる文明化の戦略とは、私徳による道徳主義の立場を徹底的に斥け、人民における智力の充実向上をもって先務とする立場であったということができる。では福沢におけるこのラジカルな道徳主義批判の背景にある事態とは何か。

4 道徳主義批判

福沢がいま伝統的な徳論概念の解体的批判をもって対応しているのは、日本社会における道徳主義とよぶべき根強い考え方に対してである。道徳主義とは天下国家はもとより、人事万汎が道徳をこそ第一の眼目にし、根幹にすべしとする立場である。この立場は、平天下や治国もまた一己の修身に基づくとする儒家におけるものであった。この儒教に代表される道徳主義は文明開化の時代とともに消えてしまったわけではない。明治維新とともに始まった国家社会の急激な文明開化は既存社会の道徳的核心を動揺させ、道徳的基盤を喪失させていく。世の識者はこの急激な文明開化とともに日本社会に生じた道徳的な空白に強い危機感を抱くのである。危機感をもったのは保守的な漢学者や国体論者ばかりではなかった。福沢の仲間たち、明六社の同人の中にもいたのである。西村茂樹（一八二八—一九〇二）は後の日本弘道会となる修身学社を明治九年（一八七六）に設立している。『日本道徳論』（明治二十年・一八八七）をのちに著し、国民道徳運動を展開した西村が強い危機意識をもって見ていたのも明治社会におけるこの道徳的空白であった。儒家的道徳主義は明治転換期における道徳的な危機意識とともに再生するのである。明治国家におけるこの道徳的な危機意識がやがて『教育勅語』という、天皇の名による国民道徳の宣布と臣民的規範の賦与をもたらすことになるのである。福沢文明論がすでに直面していたのは、明治の社会的転換とともに生じた道徳的な空白がその再生を促した道徳主義の主張であった。

「世の徳行家の言にいわく、徳義は百事の大本、人間の事業、徳に由らざれば成るべきものなし、一身の徳を脩れば成るべからざるものなし、故に徳義は教えざるべからず、学ばざるべからず、人間万事、これを放却《ほうきゃく》するも妨《さまたげ》なし、先ず徳義を脩めて然る後に謀るべきなり。世に徳教なきはなお暗夜に燈《ともしび》を失うが如くして、事物の方向を見るに由なし。西洋の文明も徳教の致す所なり、亜細亜《アジア》の半開なるも、阿弗利加《アフリカ》の野蛮なるも、その源因はただ徳義を脩むるの深浅に従て然るものなり。」

文明の転換点における道徳的危機の意識から道徳の再興がさまざまな立場から主張される。「人の不徳を悲しみ、人の不善を憂い、あるいは耶蘇の教を入るべしといい、あるいは神道の衰えたるを復すべしといい、あるいは仏法を持張《じちょう》すべしといい、儒者にも説あり、国学者にも論ありて、異説争論、囂々蝶々《ごうごうちょうちょう》、その悲憂歎息の有様は、あたかも水火の将に家を犯さんとするに当るものの」ようである。「何ぞそれ狼狽の甚だしきや」と福沢はこの時とばかりに言い立てる道徳主義的な言説に呆れているのである。徳教の衰退があたかも世の終わりかのように嘆き、あるいは徳義一つで世を救いうるかのようにいう道徳主義的な極度の論がやり玉にあげられる。この極度の道徳論が問題なのは、道徳性こそが人間性・人間能力の最良のものであり、道徳こそが人間社会の根本であるとして、人間のすべてを覆ってしまうことである。歴史の転換点における本末軽重の正しい判断を失わせてしまうことである。いま日本の議論が本位とすべきは文明であり、人民の智力の増進であり、そのことによる国家の独立であると福沢はいう。だが道徳主義的議論はこの本位を見失っているのである。

「もし事物の極度を見て議論を定むべきものとせば、徳行の教もまた無力なりといわざるを得ず。仮に今、徳教のみを以て文明の大本と為し、世界中の人民をして悉皆《しっかい》耶蘇の聖教を読ましめ、これを読むの外に事業なからしめなば如何ん。禅家不立文字《ぜんけふりゅうもんじ》の教を盛にして、天下の人民、文字を忘るるに至らば如何ん。古事記、五経を暗誦して、忠義脩身の道を学び、糊口《ここう》の方法をも知らざる者あらば、これを文明の人というべきや。五官の情欲を去て艱苦に堪え、人間世界の何物たるを知らざる者あらば、これを開化の人というべきや。」

福沢の真骨頂ともいえるこの道徳主義への揶揄に満ちた激しい反論は、現今日本における議論の本位とすべきは何かを明らかにするためである。一己の修身・徳行といった私徳の励行をもって人類の天性を全うすることだとするような道徳主義・修身主義に対して発する福沢の激しい非難の言葉を最後に挙げておこう。『心のノート』の制作者たちに読ませねばならないのは、福沢のこういう言葉である。

「然るに今、孜々《しし》として私徳の一方を教え、万物の霊たる人類をして、僅《わずか》にこの人非人の不徳を免かれしめんことを勉め、これを免かるるを以て人生最大の約束と為し、この教のみを施して一世を籠絡せんとして、かえって人生天稟《てんびん》の智力を退縮せしむるは、畢竟、人を蔑視し人を圧制して、その天然を妨るの挙動といわざるを得ず。」

5　智力の行なわれない社会

福沢がいう文明社会とは人民の智力の充実した社会である。社会の文明化の度合いは人民における智力の充実と相関的である。ところで福沢における智力的社会としての文明的社会の特質化は、つねにその対抗的社会（すなわち野蛮・反文明・反智的社会）の記述をともなっている。あるいは文明的社会の記述は対抗的社会の記述を前提にしている。このことは文明論的な言説構成がもたざるをえない構造的な特質である。『概略』における文明的社会の進歩の記述はつねに野蛮的社会の停滞の指摘でもあるのだ。福沢はその反文明的社会を専制的君主による人民支配からなる中国の古代国家に見ている。福沢は西洋のオリエンタリズムが構成する東洋的王国への視点を共有しているのである。中国皇帝の専制的権力による支配と、それを支える儒教的な徳化主義とは福沢において反文明的な、したがって反智的な社会の類型として記述される。

「この酋長なる者、既に権威を得るといえども、無智の人民、反覆常なくして、これを維持すること甚だ難し。これに諭《さと》すに高尚の道理を以てすべからず、これに説くに永遠の利益を以てすべからず。その方向を一にして、共に一種族の体裁を保たんとするには、ただその天然に備わりたる恐怖と喜悦との心に依頼して、目前の禍福災幸を示すの一法あるのみ。これを君長の恩威という。ここに於てか、始《はじめ》て礼楽なるものを作り、礼は以て長上を敬するを主として自《おのず》から君威の貴きを知らしめ、楽は以て無言の際に愚民を和して自《おのず》から君徳を慕うの情を生ぜしめ、礼楽以て民の心を奪い、征伐以て民の腕力を制し、衆庶《しゅうしょ》を率《ひき》いて識らず知らずその処を得せしめ、善き者を褒めてその喜悦の心を満足せしめ、悪き者を罰してその恐怖の心を退縮せしめ、恩威並び行われて、人民も自から苦痛なきに似たり。」

「然りといえども、そのこれを褒めこれを罰するは、皆君長の心を以て決することなれば、人民はただこの褒罰《ほうばつ》に遇うて恐怖しまた喜悦するのみ。褒罰の由《より》て来る由縁《ゆえん》の道理はこれを知ることなし。その事情あたかも天の禍災幸福を蒙るが如く、悉皆《しっかい》その然るを図《はか》らずして然るものにて、一事一物も偶然に出でざるはなし。故に一国の君主は偶然の禍福に由て来たる所の源なれば、人民よりこれを仰ぎて自からまた人類以上の観を為さざるを得ず。支那にて君主のことを尊崇して天の子と称するも、けだしこの事情に由て起りし名称ならん。」

荻生徂徠は古代先王の礼楽による人民教化はあたかも自然の恵みである和風甘雨がおのずから植物を育むような教化だといっていた⑺。ここで王による統治が天の恵みになぞらえられているように、人民にとっての王とは「人類以上」のまさしく天であった。そこからくる褒賞は思わざる天の恵みであり、刑罰は予知せざる天の暴威であった。まさしく君主が中国で「天子」と称されるのはこのゆえだと福沢はいうのである。だが君主が「天子」であるのは中国だけではない。この国においてもそうだ。そのことから考えれば、福沢の文明論的言説における反文明的な専制的皇帝支配の国家「支那」とは天皇制国家「日本」の隠喩だとみなしうるのである。たしかに福沢は天皇制的な家族国家日本を予見するかのように、君主の「恩威」からなる人民統治の世界はあたかも権威ある家長が治める一大家族のごときものだといっている。「ただ酋長なる者、独りよくその時勢を知り、恩を以てこれを悦ばしめ、威を以てこれを嚇《おど》し、一種族の人民を視ること一家の子供の如くし、これを保護維持して、大は生殺与奪の刑罰より、小は日常家計の細事に至るまでも、君上の関り知らざるものなし。その趣を見れば、天下は正しく一家の如く、また一教場の如くにして、君上はその家の父母の如く、その威徳の測るべからざるは鬼神の如く、一人の働《はたらき》を以て父母と教師と鬼神の三職を兼帯する者なり(8)」と。「父母と教師と鬼神」とを兼ねた君主の支配に服する世界を、福沢は「野蛮の世」というのである。そこではいかなる意味でも智の働く余地はない。

「野蛮の世には、人間交際にただ恩威の二カ条あるのみ。即ち恩徳にあらざれば暴威なり、仁恵にあらざれば掠奪なり。この二者の間に智恵の働あるを見ず。」

「畢竟、野蛮不文の時代にありては、人間交際を支配するものはただ一片の徳義のみにて、この外に用ゆべきものあらざるの明証なり。」

智力の働く余地なく、ただ徳と不徳のみが支配する世とは福沢にとって野蛮不文の世であるのだ。「仁政は野蛮不文の世にあらざれば用を為さず、仁君は野蛮不文の民に接せざれば貴からず」と福沢はいいきっている。仁政的徳治主義を野蛮不文の世の統治といいきる福沢のラジカリズムを見るべきだろう。

6　人智の発達の光景

徳と不徳のみが支配する「野蛮不文の世」に対して、人の智が働き、人の智力とともに作られていく社会とはどのような社会なのか。まず智力とは何か。福沢は人文が開けるとともに、「天地間の事物に遇うて、軽々これを看過することなく、物の働を見ればその働の源因を求めんとし、たといあるいは真の源因を探り得ざることあるも、既に疑の心を生ずれば、その働の利害を撰《えらび》て、利に就き害を避るの工夫を運《めぐ》らすべし」と、疑い、探究し、観察し、そして工夫をめぐらすような人間智力の成立をいう。そして西洋文明社会における人間智力の進歩の光景をこう描き出すのである。

「試《こころみ》に今日西洋の文明を以てその趣を見るに、およそ身外の万物、人の五官に感ずるものあれば、先ずその物の性質を求め、その働を糺《ただ》し、随てまたその働の源因を探究して、一利といえども取るべきはこれを取り、一害といえども除くべきはこれを除き、今世《こんせい》の人力の及ぶ所は尽さざることなし。水火を制御して蒸気を作れば、太平洋の波涛を渡るべし、アルペン山の高きも、これを砕けば車を走らしむべし。……風波の害を及ぼさんとするものあれば、港を作て船を護り、流行病の来て襲わんとするものあれば、これを駆りて人間に近づくを得せしめず。」

人間にとって暴威であった自然の力を制御し、人智をもって人間の利益に変え、人間にとっての自然へと転換させていった西洋的人智の発展に、先進ヨーロッパの人びとも後進アジアの人びとももとともに輝かしい文明的進歩のたしかな証跡を見出した。福沢もまたそうである。だが福沢を人智によるこの自然征服劇のただの称賛者にしないのは、社会的な暴威からの自由もまたこの人智の発展に見ていたからである。

「既に天然の力を束縛して、これを我範囲の内に籠絡《ろうらく》せり。然《しか》ば則ち何ぞ独り人為の力を恐怖してこれに籠絡せらるるの理あらん。人民の智力、次第に発生すれば人事に就てもまたその働と働の源因とを探索して、軽々看過することなし。聖賢の言も悉く信ずるに足らず、経典の教も疑うべきものあり。堯舜の治も羨むに足らず、忠臣義士の行も則とるべからず。古人は古にありて古の事を為したる者なり。我は今にありて今の事を為す者なり。何ぞ古に学《まなび》て今に施すことあらんとて、満身あたかも豁如《かつじょ》として、天地の間に一物、以て我心の自由を妨るものなきに至るべし。」

自然の暴威から人間を解放した智力は人為の暴威からの自由をも人間にもたらすのである。このことの認識が福沢を文明に向けての日本の社会変革の先駆者たらしめているのである。社会的な暴威から人間を自由たらしめる智力を信じるものにとって、その暴威の半面に隠された君の恩恵と臣の献身という美徳もまた古い「野蛮不文の世」の遺習とみなされるのだ。そのとき「我は今にありて今の事を為す者」だという現在に立つものの自覚が、智力の行なわるべき世として今のこの日本を見出していくのである。ここにあるのは今の日本の社会変革者福沢という存在の根底からもたらされた感慨であるだろう。もう一度読もう。「我は今にありて今の事を為す者なり。何ぞ古に学びて今に施すことあらんとて、満身あたかも豁如として、天地の間に一物、以て我心の自由を妨るものなし」。

7　独立人民と政府・ラジカル・リベラリズム

自己における智力の充実とその自覚は一身の自由をもたらす。智力は理由のない拘束、懲罰的な、あるいは恩恵的な拘束から人を自由にする。智力はまさしく一身の独立をもたらすのである。では一身の自由と独立をえたものは、政治権力の暴威にどのように対するのか。ここからの福沢の記述はルソーの『社会契約論』を思い起こさせるものとなる。ルソーは市民という契約を構成する自立的な人間主体を前提にして自然的社会から契約的な社会への転換を説いていった。福沢もまたここで智力によって一身の自由と独立をえた人民を前提にすることで可能な政治社会を、政府と人民との関係において説いていく。

「世間に強暴を恣《ほしいまま》にする者あれば、道理を以てこれに応じ、理に伏せざれば、衆庶の力を合してこれを制すべし。理を以て暴を制するの勢《いきおい》に至れば、暴威に基きたる名分もまたこれを倒すべし。故に政府といい人民というといえども、ただその名目を異にし職業を分つのみにて、その地位に上下の別あるを許さず。政府よく人民を保護し、小弱を扶助して強暴を制するは、即ちその当務の職掌にて、これを過分の功労と称するに足らず。」

「政府と人民との関係に付き、文明の人の心に問わば左の如く答うべし。国君といえども同類の人のみ、偶然の生誕に由《より》て君長の位におる者か、または一時の戦争に勝て政府の上に立つ者より外ならず、あるいは代議士といえども、素《も》と我撰挙を以て用いたる一国の臣僕のみ、何ぞこの輩の命令に従て一身の徳義品行を改むる者あらんや、政府は政府たり、我は我たり、一身の私に就ては一毫の事といえども、豈政府をして喙《くちばし》を入れしめんや、あるいは兵備刑典懲悪の法も我輩の身に取ては無用の事なり、これがために税を出すは我輩の責にあらずといえども、悪人多き世の中にて、これと雑居するが為に、止むを得ずして姑《しばら》くこれを出し、その実はただこの悪人に投与するのみ、然るをいわんや政府にて、宗教学校の事を支配し、農工商の法を示し、甚しきは日常家計の事を差図して、直《ただち》に我輩に向て善を勧《すす》め生を営むの道を教るがためとて、銭を出さしめんとするに於てをや、謂《いわ》れなきの甚しきものなり。誰か膝を屈して人に依頼し、我に善を勧めよとて請求する者あらん。誰か銭を出して無智の人に依頼し我に営生の道を教えよとて歎願する者あらんと。」

福沢がここでしているのは政府と人民との対等な関係の要求である。政府は公権力の担い手であっても人民との間にその職掌において上下の違いがあるわけではないという。ここでは人民における私権の自由が徹底して主張されている。政府が人民の営業に法規を定めて干渉し、その日常にまで介入することは排されなければならない。ましてや宗教道徳や学校教育への公権力の介入は許されない。「誰か膝を屈して人に依頼し、我に善を勧めよとて請求する者あらん」と福沢は書くのである。もとよりここでの福沢の筆法は文明化された人民を前提にした可能的な政治社会からのものである。しかしここで一身の自由と独立をえた人民の前で政府における公権力の行使の範囲が徹底して制限され、制約されていることに注目すべきだろう。文明化された世において政府とは、「世の悪を止《とど》むるの具にあらず、事物の順序を保ちて時を省き、無益の労を少なくするがために設くるのみ」とされるのである。ここに表明されているのはラジカル・リベラリズムというべき福沢の思想である。それは明治維新という変革を経ても、依然として公権力が優位する日本社会において福沢文明論がもったラジカリズムである。もとより福沢はこのラジカル・

リベラリズムの政治的な実現を直ちにはかったりはしない。しかし明治の公権力から終始一定の距離を保ち続けた福沢の立場を支えていたのはこのラジカル・リベラリズムであったのである。

注

（1）『文明論之概略』（松沢弘陽校注、岩波文庫）による。

（2）私の『福沢諭吉『文明論之概略』精読』（岩波現代文庫、二〇〇五）は、この再読の驚きから書かれていったといってもよい。

（3）解読3「祭祀国家日本の理念とその成立——水戸学と危機の国家神学」。

（4）解読4「国体論の文明論的解体——福沢『文明論之概略』と国体論批判」。

（5）百の教学を統一する新たな哲学的知を説こうとする西の『百一新論』は、まず儒教における政治と道徳の連続性や朱子学的な理による物と心の連続性を断ち切るような、既存の知の体系の解体作業から始めるのである。

（6）朱子は「仁」を説いて、「天地物を生みなすを以て心と為るものなり。而して人物の生まる、また各々夫の天地の心を得て、以て心と為るものなり。故に心の徳を語れば、その総摂貫通して、備わらざる所なしといえども、然れども一言以て之を蔽えば、則ち曰く仁のみ。」（朱子「仁説」）という。

（7）「先王の教え、詩書礼楽は、辟《たと》えば和風甘雨の万物を長養するがごとし。」（『弁名』「性」）。

（8）引用文中の傍点は子安。

解読6

「日本民族」概念のアルケオロジー

――「民族」・「日本民族」概念の成立

「台湾人といひ、朝鮮人といひ、血統的にも文化的にも、まだ完全に日本民族として渾融同化されたものでないことは事実である。」

白柳秀湖『日本民族論』

「もうそのころには、おそらく倭人の間で文化的な同族意識、民族意識的なものが芽生えていたのでしょう。」

江上波夫『日本人とは何か』

1　考古学的解読という作業

ここで私がしようとするのは「日本民族」概念をめぐる考古学的な探査である。ということは、「日本民族」とはその成立があらためて探られねばならない概念だということである。しかしその概念の成立を考古学的に探るといっても、それはこの民族のエスニックなルーツを日本列島の内外に探ろうとすることではない。エスニックな起源の探索といった学的作業自体もまた、実は

「民族」や「日本民族」概念の成立とともに始まるものであるのだから。あるいはその逆であるかもしれない。日本の民族のエスニックなルーツをめぐる人類学的、民族学的、言語学的、あるいは神話学的な視点からの探索が、「日本民族」という近代的概念のより確乎とした成立をもたらすといえるからである。たとえば東京人類学会の創立五十周年を記念する『日本民族』と題された論文集が[1]、昭和十年（一九三五）という時期に、まさしく「日本民族」概念が大きな意味を生み出しているこの時期に刊行されているのである。日本民族のエスニックなルーツをめぐる民族学者や言語学者などが偽似古代学者どもと一緒になってする探索は現在にまで続いている[2]。

ところで「日本民族」概念の成立をめぐって私がここでこのように書き出しているそのこと自体が、すでに本稿で私がしようとする作業の方法と視点とを示している。私がここでしようとするのは、「日本民族」という概念の成立をめぐる考古学的な解読作業である。「考古学」とは、この概念をもたらす歴史的な言説的地層を精査することである。そして「解読」とは、その歴史的地層における諸言説の上にこの概念がどのように成立するかを読み解くことである。この考古学的な解読作業は、日本民族のエスニックな実体的な起源を探索することではない。むしろそのように起源を求める学的志向とその言説もまた同時に批判的に解読されねばならないのだ[3]。なぜなら「日本民族」とはそのような学的志向とともに人びとの言説上に存在してくるからである。「日本民族」とは日本近代史の上に、その再構成された時期をはっきりともっている概念である。「日本民族」だけではない、そもそも「民族」自体もまたその成立が近代史の上にたどられる概念である。「日本民族」概念の成立の時期とは、私たちに一、二世代先立つ人びとに属しているような、今からさほど遠くない時代である。神話的過去に淵源する日本国家とその民族の永続性を支え、根拠付けるかのようなこの「日本民族」概念は、日本近代史に、あるいは日本の二〇世紀史というべき歴史の上にその成立の跡をはっきりたどりうるものであるのだ。

2　概念成立をめぐる「時差」

「民族」や「日本民族」概念を成立させる日本近代史は、一九世紀の中葉、開国通商を求める欧米先進国の圧力とともに始まった。この外圧は日本の国内的変革を促していった。明治維新とともに日本は近代国家形成への歩みを、先進諸国の環視の中で、慌ただしく始めることになる。東アジアにとって一八四〇年（アヘン戦争）という画期をもつ近代史の始まりは、東アジアと日本とがヨーロッパの軍事力をともなった圧力によって資本主義的世界システムに組み入れられていったことを意味する。それはまた東アジア史がヨーロッパ的世界史の過程に組み入れられることでもあった。ヨーロッパ先進国の環視の中で日本がとる近代化の戦略は、従属国化の危険を回避し、一独立国家としての近代化＝先進国化をいかに達成するかにあった。一国先進国化（脱亜入欧）とは日本がとった近代化の基本的な戦略であった。日本ナショナリズムの生起の要因を、日本における近代の始まり自体がすでにもっていた。「一国独立」とは、日本のもっとも重要な国家的な標語であった。だが明治日本におけるナショナリズムの早い時期からの生起が、新国家を内側から充実させるような「民族《ネイション》」概念を直ちにもたらしたわけではない。一国における人民の連帯的共同性を言語上に表現するような理念なり、概念の成立と、政治的現象としてのナショナリズムの生起との間には時差がある。

しかしこの時差とは、ナショナリズムの概念的形成がその現象的生起との間にもっている一般的な時差をただいうだけではない。近代日本における一国人民の共同性にかかわる「ネイション」観念の形成は、後進国日本が対抗しつつ模倣する先進ヨーロッパ諸国における「ネイション」観念との間に明らかな時差をもたざるをえない。その時差とは先進的国家と後進的国家との間の歴史的なそればかりではない。それは西方と東方との間の、ヨーロッパとアジアとの間のあらゆる差異をも内包した時差である。この時差を超えてなされる近代日本における「ネイション」概念の形成は、ヨーロッパからの翻訳的な転移という性格をもたざるをえない。[4] ヨーロッパに成立する近代語彙に翻訳上対応しうる同意語は日本にはない。明治になされた翻訳とは転移である。転移とは、新たな概念の創出を意味するような移植である。概念の移植は、異なる土壌におけるものとして、その変容を当然すでに含んでいる。日本人の一国的アイデンティティにかかわる「民族」概念は、ヨーロッパの模倣とそれへの対抗という両義的契機をもちながら、あの時差を超えて二〇世紀の近代日本に成立していくのである。

3 辞典における「民族」

近代日本の国語辞典上における「民族」の語の成立事情を見てみよう。近代の国語辞典の編纂作業とは、一国言語の一国的な公共性の認定作業であり、また当代における言語表現なり使用語彙を「国語」として、その公共的使用を認定する作業でもある。したがって国語辞典に登録されることによって、はじめてその語彙の公共的な成立をいうことができるのである。[5] 私がここで主として参照するのは明治期の代表的国語辞典『言海』[6]（一八八九―九一刊）と、その長期にわたる増補訂正作業を経て昭和期に成った『大言海』[7]（一九三二―三七刊）とである。まず後者『大言海』における「民族」の項は見てみよう。そこではこう説明されている。

「みんぞく「民族」＝人民の種族。国を成せる人民の言語、民俗、精神感情、歴史の関係などの、共通に基づく団結。異人種、合して成るもあり、一人種中に分立するもあり。」

ここでまず「人民の種族」とあるのは、「民族」という漢語の語彙的成立事情を説明している。「民族」とは「人民」とその「種族」から合成された語彙だということである。「民族」の同意語として「民種」があるのも同じ事情によることだろう。この「人民の種族」としての「民族」の語の成立とその使用は、もちろん『大言海』の発刊時を四十年ほどさかのぼる明治中期、『言海』刊行の頃とみなされる。ただ明治政府の命を受けた大槻文彦《おおつきふみひこ》によって明治八年（一八七五）に編纂が始まった『言海』にはまだ「民族」も「民種」の語彙もない。「民」字をもつ語彙としては「民権」「民選」や「民事」などの近代の政治的、法律的用語は見出されても、「民族」はない。「民族」の語は、『言海』の編纂作業終了時、明治十九年（一八八六）までは、公共的使用の国語語彙として認定されていなかったのであろう。『言海』におけるこの事実を知ったことが、「民族」概念をめぐる私の考古学的探査を促したのである。なお『言海』には「人種」の項はあり、「人の種族、人の骨格、膚色、言語などの、粗《ほぼ》、一類なるを一大部として、世界の人民を若干に類別する称」という説明がされている。人類学的な人種的差異への視点は近代日本に早く受容され、「人種」概念はすでに辞書上に構成されているのである。これからすれば「人民の種族」という種族的「民族」概念の成立は、「人種」概念の成立からそう遠く隔たることはないとみなされる。恐らく『言海』の刊行時にはすでに「人民の種族」としての「民族」概念は成立していたであろう。明治四十二年（一九〇九）刊行の『日本品詞辞典』(8)を見ると、その「名詞」のリスト中にはすでに「民族」の語彙はあり、その同意語は「民種」となっている。明治末年から大正期にかけて刊行された国語辞典や漢和辞典には「人民の種族」の意としての「民族」の語彙は基本的に収められている。

『大言海』にもどると、そこではまず「人民の種族」として「民族」の語彙の成立事情がいわれた後に、「国を成せる人民の言語、民俗、精神感情、歴史の関係などの、共通に基づく団結」という解説が加えられている。これは明らかに「人民の種族」という人種的概念とは別の新たな「民族」概念の成立を告げるものである。単一の政治的共同体のなかに、歴史的文化と故国を共有するものすべてを結びつける文化的、政治的紐帯としての「ネイション」概念[9]が、「民族」の語によって再構成されていることをこの説明文は教えている。アントニー・D・スミスがナショナル・アイデンティティの西欧的モデルという、「共通の歴史的記憶、神話、象徴、伝統」によって構成員を結びつける文化共同体としての「ネイション」概念[10]が、いま日本の「民族」の語に転移されているのである。『大言海』が成立し、刊行される一九二五年から三〇年末にかけての時代は、神話と言語と歴史的記憶を共有する日本人という日本の「民族」概念、すなわち「日本民族」概念が、日本帝国を支える理念として構成されていった時代であったといえるだろう[11]。

だがこのことは「人民の種族」としてのエスニックな「民族」概念が、文化共同体的な「民族」概念に置き換えられたことを意味するわけではない。それはむしろ日本人という「民族」のより画然とした同一性の自覚と差異化の要求に基づくのである。この自覚と要求が種族的であるとともに文化的な「日本民族」概念をもたらすのである。

4 「民族」概念の転移的成立

マルクス主義系政治学者の鈴木安蔵が、近代日本における「民族」概念の成立とその展開をめぐる貴重な考察をしている。それは昭和十八年（一九四三）、まさしく戦中期に刊行された叢書「民族科学大系」中の一巻『日本民族論』[12]所収の論文においてである。いまその論文に触れる前に、太平洋戦争最中のこの時期に刊行された「民族科学大系」という叢書について見ておきたい。鈴木安蔵のようなマルクス主義系社会科学者や長谷川如是閑などのリベラルな論者に、カモフラージュとして小林秀雄・浅野晃らナショリスト文学者をも交えた執筆陣からなるこの叢書は、その刊行趣旨をこう説いている。

「民族の世紀に生を享くる我々は、世紀の要請する世界秩序の建設に邁進するを以て使命とする。かくて我々は新秩序建設の途上、民族問題を新しく且つ正しく認識して、その政策において誤り無きを期する必要がある。本大系は、民族の呈示する一切の問題を新しき観点より解説せんとしたものである。」

民族問題を集大成するというこの叢書がどのような時代認識のもとに出されたものであるかを、

この文章ははっきりと示している。この叢書の編集にかかわる人びとは、彼らの生きる時代を「民族の世紀」と認識しているのである。そして新たな「世界秩序の建設」とは、この「民族の世紀」に生きる日本人に課せられた使命だといっているのだ。新たな「世界秩序の建設」とは、アジアの盟主として世界の再編成を要求する日本帝国が掲げるスローガンであった。「東亜新秩序」の建設とは、中国大陸における日本の戦争目的として掲げられた理念であったのである。この「世界秩序の建設」という理念に導かれた戦争の遂行は、「民族の世紀」としてのこの時代の要請に応える日本民族の使命であったのである。「民族」が世紀の問題を構成していったのはどのような時代においてであるかを、われわれは具《つぶ》さに上の文章によって知るのである。「日本民族」という概念の成立と、アジアにおける帝国日本による戦争の始まりとの間には、ほんのわずかの時間的な隔たりしかない。あるいはほとんど同時だといっていい。そのことについてはあらためて後に私は検証する。

明治前期の日本におけるナショナリズムの展開と「民族」概念の成立を検証する鈴木が、「ネイション」概念の翻訳をめぐる貴重な指摘をしている。たしかに明治二十年（一八八七）代に入っても「ネイション」としての「民族」概念が成立したとはいえないが、しかしその時代「ネイション」の政治学的概念についてまったく日本に紹介されなかったわけではないとして、鈴木はいくつかの翻訳例を挙げている。本章のはじめにいうように、後進日本における政治的、社会的、学問的な近代用語は先進ヨーロッパからの翻訳的転移として基本的に成るのであり、その意味で翻訳が明治日本においてもつ意味はきわめて大きい。鈴木はドイツの政治学者ブルンチュリー（Johan Kaspar Bluntschli）の『国家論』の翻訳と、招聘されて東京大学で講じた同じドイツの政治学者ラートゲン（Karl Rathgen）の『政治学』（上巻「国家編」）の翻訳[13]における例を挙げている。前者ブルンチュリーの『国家論』第二巻「国民及国土」で「族民Nation」と「国民Volk」とを定義している個所はこう訳されている。

「族民トハ種族ヲ相同クスル一定ノ民衆ヲ謂ヒ、国民トハ同国土内ニ居住スル一定ノ民衆ヲ謂フ。故ニ一族民ニシテ数多ノ国家ニ分裂シ、一国家ニシテ数種ノ族民ヲ併有スベシト雖モ国民ハ則チ然ラズ。」

そして後者ラートゲンの『政治学』の第三章「社会的要素」で「族民」と「国民」とを論じた個所はこう訳されている。

「族民ト国民トハ其ノ名義相似テ而シテ其ノ意義同ジカラズ。族民トハ種族ヲ同フスル一定ノ民衆ヲ云ヒ、国民トハ同国内ニ住居スル一定の民衆ヲ云フ。族民ハ人種学上ノ意義ニシテ法人ノ資格ヲ有セズ、国民ハ法律上ノ意義ニシテ法人ノ資格ヲ有ス。」

いずれも「ネイション」を「種族を同じくする一定の民衆」をいうとし、それに「族民」の訳語を与えている。私たちはここで、「ネイション」が「人種」概念との結びつきを強くもった種族概念として定義され、それが「族民」の語をもって訳出されたことに注意すべきだろう。すでにラートゲンは「族民」を「人種学上の意義」をもって規定しているのである。とすれば「人民の種族」を「民族」とする明治日本における種族的「民族」概念は、ドイツ系政治学における「民族《ネイション》」概念の系譜を引くものだといえるだろう。

ホブズボームは一八七〇年―一九一八年のヨーロッパにおけるナショナリズムの変容を記して、「エスニシティーと言語がネイションでありうることの中心的意義を持つようになり、次第に決定的基準となっていき、唯一の基準と見なされることさえあった」[14]といっている。一九世紀後期ヨーロッパを席巻するこのエスニックな「ネイション」概念は、ナショナリズムとともに近代国家建設期の明治日本に転移されるのである。ところでブルンチュリーやラートゲンの故国ドイツは、一八七一年(明治四)にプロイセンを盟主にしたドイツ帝国として統一される。同じ一八七一年にはイタリアもまた近代統一国家として再形成されるのである。ヨーロッパにおけるこれら後進的国家は、先進資本主義国家との対抗意識をもちながら、みずからを強力な統一的民族国家《ネイション・ステイト》として確立しようとするのである。一八七一年のドイツ帝国の成立とは、ヨーロッパにおける新たな覇権国家の成立であった。そして世界史が帝国主義国家間の激しい角逐の時代に入った時期として画されるのは一八八〇年である。「ナショナリズム」とはこの時期のヨーロッパにおける発明であった。

後進国日本が明治維新を経て近代国家の形成に急ぎ足で向かうのは、一九世紀後期というこの同じ時期においてである。ホブズボームが世界史を画する一八七〇年―一九一八年とは、日本の年号でいえば明治三年―大正七年である。それは後進日本が先進国化を達成した時期である。その日本による近代国家の形成はその範を、ヨーロッパにおける新たな覇権国家・ドイツ帝国に求めていくことになるのである。帝国憲法ばかりではなく、日本の「民族」概念もまたドイツ的に再構成されるのである。日本人の同一種族的「民族国家《ネイション・ステイト》」日本が、いまドイツ的「民族」概念をもって基礎付けられようとするのである。鈴木安蔵はこれらの翻訳文を引きながら、「民族、国民等の概念規定は、血縁共同説的民族概念として、これらドイツ人学者の諸説によって漸く我が国に基礎を据えられたのである」といっている。

5　国粋主義的「日本」

明治二十一年（一八八八）、三宅雪嶺、志賀重昂、杉浦重剛らは、明治政府の欧化主義的政策

を批判する国粋主義的な言論集団政教社を結成する。彼らは雑誌『日本人』を刊行し、陸羯南《くがかつなん》の新聞『日本』とともに、明治中期日本におけるナショナリズムの言説を強力に展開していった。この政教社に対立する徳富蘇峰の民友社系の『国民新聞』の記者であった史論家山路愛山は、彼ら政教社系の言説を「保守的反動」としながらも、それは「国民的自覚の一現象に外なら」ないとし、さらにそのナショナリズムの言説の由来は一九世紀後期のヨーロッパ諸国における国民運動にあるといっている。「彼らは明治四年のドイツ統一を思想史の地標として、其の前後に起りたる欧州諸国国民運動の精神を呼吸せり[15]」と。一九世紀後期ヨーロッパにおけるナショナリズムの明治中期日本への転移を山路愛山は的確にとらえている。志賀における国粋主義的な「日本」の主張も、また三宅の人種主義的「日本人」の主張も、一九世紀後期世界史上の日本で発せられたものであるのだ。まさしく一国主義的言説であるナショナリズムも世界史的文脈をもっているのである。

「然れば我日本も亦我国粋を精神となし骨髄となし、之を以て大和民族が現在未来の間に変化改良するの標準となし基本となし、而して後他の長処妙処を輸入して、爰処《ここ》に所謂「日本の開化」なる者を創起するは豈に之れ一大快活の事業に非ずや[16]」と志賀はみずからの「国粋保存」の立場をいう。「日本人とは何ぞや」という問いを掲げる三宅は、人類史に果たすべき日本人の任務を、その本質・特性・能力の認識を通じて明らかにしようとする。いま三宅が人種概念を前提にしながら日本人の任務を語る言葉を見てみよう。彼は「日本人は所謂蒙古人種なり」とみずからを人種的に規定する。かくてそこから、ヨーロッパのアリアン種に対する蒙古種・日本人という人種的対抗の言説が展開されることになる。

「十九世紀は将《まさ》に終わらんとす。而してアリアンの盛運も亦窮まらんとす。彼れ今方《ま》さに東洋問題に矻々《こつこつ》するも、東洋問題に矻々たるは正さに是れ蒙古人種を困睡《こんすい》より醒起《せいき》して、重大なる任務の在る所を知らしめ、それをしてアリアンと馳駆して世界の円満なる極処を尋求せしむるのみ。(17)」

一九世紀が終わろうとする今、アリアン人種・ヨーロッパ人の盛運もまた終わろうとしていると三宅はいう。彼らはアジアの経略に骨を折っているが、しかしこのアジア経略の実行そのものが蒙古人種・日本人の覚醒を促し、その任務の自覚をもたらし、日本人をしてヨーロッパ人と競い走らせて世界の円満な究極的解決を求めさせることになるからだ、と三宅はいっているのである。一九世紀後期、帝国主義時代に入ったヨーロッパによるアジア経略と、その経略に対抗的に交錯するアジアの新興国日本の位置が、三宅によって人種論的な民族主義的言説をもってここに描き出されている。一九世紀後期ヨーロッパの政治地図上の新興帝国ドイツの位置が、その民族主義とともに、アジアの新興帝国日本に移されているのである。この種族的「民族」概念を前提にした新たな日本ナショナリズムが、後進的近代国家日本の「骨髄」というべき「日本」と「日本人」というアイデンティティを構成していくことになるのである。志賀は地理的景観としての「日本」を最初に描き出し、[18]三宅は『真善美日本人』で最初の「日本人」論の著者となるのだ。

6　「日本民族」概念の成立

志賀重昂や三宅雪嶺ら政教社同人によって明治二十一年（一八八八）に創刊された雑誌『日本人』は、明治政府の弾圧によって廃刊と、そして復刊することを何度かくりかえす。明治二十八年（一八九五）の廃刊の後、十余年を経て明治四十年（一九〇七）に三宅雪嶺を中心にして、誌名も『日本及日本人』と改めて再刊された。この『日本及日本人』は、関東大震災によって一時休刊するが、太平洋戦争の敗色が濃厚になる昭和十九年（一九四四）にいたるまで刊行され続けた。したがって『日本人』と、その後身の『日本及日本人』とは、一八八八年から一九四四年にいたる時代の、まさしく日本帝国の成立から、その隆盛の時期を経て挫折にいたるまでの時代の日本ナショナリズムの重要な証言者としての意味をもっていたことになる。

私はこの一月、国会図書館で『日本人』と『日本及日本人』の創刊時からの目次を繰りながら、日本ナショナリズムの言説上の変容を追っていった。[19]私は少なくとも二〇世紀に入ってから『日本及日本人』として再刊されたこの雑誌の目次上には「民族」や「日本民族」の語彙が氾濫しているだろうとの予想をもっていた。しかし私が当初抱いたその予想は裏切られた。同誌の四十年に及ぶ刊行の過程で日本ナショナリズムをめぐるさまざまなタイトル上の表現が存在するにもかかわらず、「民族」ことに「日本民族」という語彙は昭和の初年にいたるまでほとんど目次のタイトル上には現れないのである。[20] ところが昭和四年(一九二九)にいたってほとんど突然に「民族」と「日本民族」という語が大きな形で同誌のタイトル上に出現するのである。

『日本及日本人』の昭和四年十一月の一八八号は「世界進出号」と銘打って、「日本民族の個性と其の使命」「大東連合と日本の使命」といった「主張」を掲げ、さらに「民族は精神種なり」(日高瓊々彦)「世界興亡の原則を破る日本民族」(斎藤弔花)「天孫民族の南米進出」(伊藤米一)「先ず我が国性に目覚めよ」(佐藤清勝)などの論説を並べているのである。さらに翌昭和五年五月の二〇二号は「日本民族及び文化研究」の特集を「民族原理」(日高瓊々彦)や「日本固有文化の淵源」(樋口喜一)といった論説で構成している。この昭和初期の『日本及日本人』に唐突といってもよい形で出現し、そのタイトル上や誌面に踊る「民族」の概念は、もはやただ種族的なものとしてではない。ここでは『大言海』が「国を成せる人民の言語、民俗、精神感情、歴史の関係などの、共通に基づく団結」と説明した「民族」、すなわち歴史的、文化的アイデンティティをもって結ばれた人間集団としての「民族」の意義が大きく附加されて、新たに優越的に差異化された種族概念「日本民族」が構成されているのである。日本神話を共有し、この神話的起源に発する皇統の連続性を誇るべき己れの歴史として継承し、王朝文化への憧憬の念を共にいだく日本人といった「民族」がここに存在するにいたるのだ。この「日本民族」を優越的に差異化していく論理と素材とは、この概念とほぼ同時期に成立する日本神道史や日本精神史、そして日本文化史といった昭和の学術的言説が提供していくことになる。[21] 一九二五年から四〇年代にいたる昭和前期という時代は、自国の精神的、文化的伝統を学術上に再構成していくとともに、「日本民族」という概念をも成立させるのである。

7 「日本民族」概念の二重化

日本の昭和前期という時代は、満州事変（一九三一）から日中戦争（一九三七）そして太平洋戦争（一九四一）にいたる十五年戦争という対外的な緊張と戦争とに連ねられた時代であった。それは日本帝国が欧米的な世界秩序の再編成を要求し、アジアにおける帝国的版図の確立をはかった時代であった。日本を指導的国家としたアジアにおける新秩序の確立とは、昭和の十五年戦争を通じていだかれ続けた帝国日本の理念であり、目的でもあった。その帝国日本によって再構成された「民族」概念、すなわちアジアにおける指導的日本の優越的差異化としての「民族」概念、それが「日本民族」という概念であった。「日本民族」概念を成立させるのは、十五年戦争とともに始まる昭和という時代である。
この「日本民族」はさらに王権神話に基づいて「天孫民族」として再構成される。あるいは「日本民族」概念がその内部に本源的民族としての「天孫民族」概念を生み出すというべきかもしれない。「天孫民族」こそ昭和ファシズム期の天皇制国家日本が生み出した神話的「民族」概念である。天上の神との神話的系譜に連なる天皇の統治する「大日本国を形成せる中心の民族」であり、天上の神の国（高天原）から日本列島（大八洲）に移住したと神話が伝える民族が「天孫民族（大和民族）」であると『大言海』は説明している。新たな文化共同体的「民族」概念を辞典上で説く『大言海』が、同時に「天孫民族」の意義をも説いているのは、それがまさしく昭和前期に成立した国語辞典であることを証明している。「天孫民族」とは、日本帝国に領有されて新たな国民となった外地住民に対して本土住民を神話的「民族」概念をもって優越的に差異化する概念である。「台湾人といひ、朝鮮人といひ、血統的にも文化的にも、まだ完全に日本民族として渾融同化されたものでないことは事実である」と書く白柳秀湖は、その日本民族の中心になる民族を「天孫民種」というのである。(22)

「日本民族の核心となり枢軸となつた民種は、いふまでもなく高天原民種、すなはち天孫民種でなければならないわけだ。高天原民種やがて原日本人である。そこで、高天原民種はどこから来たか、随つて高天原はどこかといふことが問題となつて来る。」

「日本民族」はここでは同心円的に二重化され、その中心の円内に「天孫民族」が存在することになるのだ。これはまさしく台湾や朝鮮、さらに満州をも含んだ日本帝国の成立に対応する「日本民族」概念の二重化である。同化的日本人に対する固有的日本人の区別が原・日本民族としての「天孫民族」概念を要求するのである。

一九四五年の日本帝国の敗戦による挫折は、帝国とともに二重化された「日本民族」の概念をも消滅させたはずである。日本人にとって帝国の体験とは、支配と従属との関係において他言語民族を同化的に包摂する体験であった。日本人がした「本土―外地」という帝国的版図の体験は、国土について、民族について、そして言語について「内部―外部」という意識の二重化の体験でもあった。外部を包摂しながら、外部はなお外部であり続けねばならないものとしての内部の尊厳化や絶対化が、帝国日本人の意識と言説の上で遂行されていった。国土のなかに原・国土が存在し、国語のなかに原・国語が存在し、民族のなかに原・民族が存在するのである。

帝国の挫折は、この二重化の意識をも挫折させたのか。再び大国化した戦後日本は、この二重性を変容させながら再生するのである。「国語」が死滅して、「日本語」が生まれたわけではないのだ。[23] 内部「国語」と外部「日本語」との併存は、現代日本の二重性を端的に物語っている。歴史見直し論とはまさしく内部「日本」の執拗な再生の要求であるだろう。戦後日本ナショナリズムの批判的解読は、いま私たちに課せられている実践的な課題である。

注

(1)『日本民族』は東京人類学会編として、古畑種基、上田常吉、長谷部言人、松本信広、金田一京助、浜田耕作らを筆者として昭和十年に岩波書店から刊行されている。

(2) たとえば江上波夫・梅原猛・上山春平・中根千枝の名を連ねたシンポジウム「民族の起源を求めて」の記録『日本人とは何か』(小学館、一九八〇)を見よ。

(3) この視点と方法からする私の近代日本の知識・学問の解読作業については、『日本近代思想批判――一国知の成立』(岩波現代文庫、二〇〇三)を参照されたい。

(4) 西洋に成立する近代的概念の日本への導入は、漢語による翻訳的転移としてなされていく。その翻訳的転移を媒介する漢語は、既成のものの転用とか新たに造られたものからなる近代漢語である。近代日本にとって漢字・漢語がもつ問題については私の著書『漢字論――不可避の他者』(岩波書店、二〇〇三)を参照されたい。

(5)「国語辞典」を見るこの視点を私に教えたのはブルデューである。ピエール・ブルデュー『話すということ――言語的交換のエコノミー』稲賀繁美訳、藤原書店、一九九三。

（6）『言海』は大槻文彦が文部省の命を受けて、明治八年（一八七五）に編纂作業を始め、明治十九年（一八八六）に完成させた。同二十二年から二十四年（一八八九～九一）にかけて刊行された。標準的国語辞典としての権威を長くもっていた。

（7）大槻文彦による『言海』の増補訂正の作業は明治末年から始められ、その作業は昭和三年（一九二八）の大槻の死まで続けられた。大槻の没後、関根正直・新村出の指導のもとに『大言海』の編纂作業は継承された。昭和七年～十二年（一九三二～三七）に刊行された。昭和前期の代表的な国語大辞典である。

（8）佐竹八郎『日本品詞辞典』六合館、一九〇九。日本語語彙を品詞ごとに類別し、作文の用に供する目的で編纂された辞典。

（9）アントニー・D・スミス『ナショナリズムの生命力』高柳先男訳、晶文社、一九九八。Anthony D. Smith, *National Identity*, Penguin Books, 1991.

（10）スミスは前掲書でこの西欧的「ネイション」モデルに、非西欧的モデルを対置している。後者を彼はネイションの「エスニック」概念と呼んでいる。私はスミスによるこの「ネイション」の類別に類型化としての意味は認めても、西欧的・非西欧的という類別には同意しない。この書は近代国家形成における東と西、あるいは先進と後進という「時差」を認めることなしに展開される議論の通弊を免れていない。

（11）現代日本の国語辞典では「民族」は、文化共同体的な「ネイション」概念として説かれている。たとえば『広辞苑』（第四版、岩波書店、一九九一）は「民族（nation）」を「文化の伝統を共有することによって歴史的に形成され、同族意識をもつ人々の集団」と説明している。

(12)『日本民族論』は叢書「日本民族大系」の第九巻として帝国書院から一九四三年に刊行された。同巻に載る鈴木の論文名は、「明治前期における民族主義的思潮及び民族論」である。この鈴木の論文から私は「民族」概念の成立をめぐって貴重な示唆を与えられた。

(13)ブルンチュリー『国家論』平田東助等訳、明治二十二年(一八八九)刊。ラートゲン『政治学』上巻「国家編」山崎哲蔵訳、明治二十四年(一八九一)訳刊。いずれも鈴木の前掲論文による。

(14)E・J・ホブズボーム『ナショナリズムの現在』(浜林正夫他訳、大月書店、二〇〇一)。E. J. Hobsbawm, *Nations and nationalism since 1780: Programme, myth, reality*, Cambridge University Press, 1992.

(15)山路愛山「現代日本教会史論」、『基督教評論・日本人民史』(岩波文庫)所収。この「現代日本教会史論」と「耶蘇伝管見」からなる『基督教評論』は明治三十九年(一九〇六)に警醒社から刊行された。

(16)志賀重昂「「日本人」が懐抱する処の旨義を告白す」『日本人』第二号、政教社、明治二十一年(一八八九)四月。

(17)三宅雪嶺『真善美日本人』明治二十四年(一八九一)、政教社。

(18)志賀重昂『日本風景論』明治二十七年(一八九四)、政教社。

(19)私が検証しているのはタイトル上におけるそれらの語彙の使用についてである。それらが主題として扱われているか、どうかの検証を目的としている。

(20)大正二年の号に国粋派の歌人三井甲之の「民族生活の縦横断面」といった論説が二度現れるのは、ほとんど例外的事例である。

(21) 日本思想史や日本精神史という学術的言説が日本近代史における特定の時期に、すなわち一九二〇年から三〇年代にかけて成立するものであることは、すでに私は前掲『日本近代思想批判』(岩波現代文庫)でのべている。

(22) 白柳秀湖『日本民族論』千倉書房、一九四二。

(23) この問題をめぐっては私の論文「『国語』は死して『日本語』は生まれたか」(前掲『日本近代思想批判』所収)を参照されたい。

解読7

「民族国家」の倫理学的形成（その一）

――和辻倫理学をめぐって・倫理《エシックス》から倫理《りんり》へ

「倫理を単に「個人意識」の問題とする近世の誤謬から脱却することである。」

和辻哲郎『倫理学』序論

1 まず「倫理学」があった

明治に始まる近代日本にまず「倫理学」があった。すなわち「倫理問題」に先立って「倫理学」があったということである。その「倫理学」とはethicsの訳語としての学術概念であり、近代ヨーロッパに成立する倫理学である。その「倫理学」がまずあったというとき、「倫理」という語彙が漢学的伝統のなかに存在していたかどうかが問われることではない。それは新訳語「倫理学」の語彙的成立の前提に「倫理」があるということにすぎない。それは近代「政治学（politics）」の語彙的成立の前提に「政治」という語彙がやはり漢学的伝統のなかに存在していたことと同じことである。まず「倫理学」がethicsの訳語として成立するのである。井上哲次郎らの編集になる『哲学字彙』[1]がEthicsの訳語として「倫理学」を掲げるとともに近代倫理学は日本に成立するといえるのである。ちなみに『哲学字彙』はPoliticsの訳語として「政治学」をも掲げている。

近代日本にまず成立するのはこの倫理学である。この成立と踵を接するようにして出版された井上円了の倫理学教科書『倫理摘要』[2]は、「抑倫理学即ち「エシックス」は善悪の標準、道徳の規則を論定して、人の行為挙動を命令する学問を云ふ」と説明している。倫理学《エシックス》という近代的学術概念の近代日本への導入的な成立が、近代社会において人びとの善悪の規準をなすものは何であるのか、何をなすべきであり、何をなしてはならないのかといった倫理問題を構成し、提示していくことになるのである。近代日本に倫理問題が予めあるのではない。まず倫理学があり、その倫理学が倫理問題を構成し、提示し、そしてその答えをも用意していくのである。後進の近代国家日本における近代的学術の成立には、多かれ少なかれ同種の事情が免れがたく伴われるのである。たとえば近代政治学や国家学の導入によって、近代国家の政治問題が構成されてくるのである。もちろん権力の存在するところにつねに政治問題はある。しかしそれと近代国家の政治問題とは区別される。それは近代国家が要請する政治問題である。新たな主権国家、法治国家、そして国民国家としての近代日本が要請する政治問題である。こう見てくれば、近代国家学、政治学の導入的な成立が近代日本の政治問題を構成するということが理解されるだろう。

もとより明治初期の日本社会に道徳問題が存在しなかったわけではない。明治維新に伴う大きな社会変動が、日本社会に道徳的な空白を作り出していた。だが倫理学が構成し、そして解答をも用意する倫理問題とはそのような道徳問題ではない。それは近代市民社会の規範的な根底ともなり、市民の行動規準ともなるような倫理の問題である。市民社会の未成立の日本にまず近代倫理学が近代市民社会の倫理問題とは何かを教えていくのである。近代日本にはまず倫理学が存在しなければならなかったのである。倫理学が倫理問題に、政治学が政治問題に、宗教学が宗教問題に先立ってあるということは、近代日本のアカデミズムが終始もってきた性格である。倫理学の先在性ということが、日本のアカデミズムにおける倫理学を根本的に規定している。帝国大学の倫理学科とは欧米の倫理学説の導入の場であっても、日本社会の倫理問題に答えることに責任をもった学術の場ではない[3]。この倫理学のあり方に早く疑いをもったのは、明治保守派の学者たちであった。

2　国民道徳の要請

明治維新の変革とともに、たしかに日本社会に道徳的な空白が生まれた。それは道徳的な危機といってもいい。そこからさまざまな立場から道徳的教えの再興とその増進を説くものが現れた。福沢は『文明論之概略』でこう記している。「世に徳教なきは暗夜に燈《ともしび》を失うが如くして、事物の方向を見るに由なし。……徳教はなお寒暖の如く、文明はなお寒暖計の如く、此に増減あれば忽ち彼に応じ、一度の徳を増すときは一度の文明を進むるものなりとて、人の不徳を悲しみ、人の不善を憂い、あるいは耶蘇の教えを入るべしといい、あるいは神道の衰えたるを復すべしといい、あるいは仏法を持張すべしといい、儒者にも説あり、国学者にも論ありて、異説争論、囂々《ごうごう》喋々《ちょうちょう》、その悲憂歎息の有様は、あたかも水火の将《まさ》に家を犯さんとするに当たるものの如し[4]」。

日本の急激な文明的社会への移行とともに日本社会に生じた道徳的な空白に強い危機感をもったのは、保守的な漢学者や国体論者ばかりではなかった。福沢の仲間たち、明六社の同人の中にもいた。その一人西村茂樹はのちの日本弘道会となる修身学社をすでに明治九年（一八七六）に設立している。『日本道徳論[5]』を著し、国民道徳運動を展開した西村が強い危機意識をもって見ていたのもこの道徳的空白であった。西村は明治日本を指して、道徳の標準を喪失した特殊な国だといっている。「我が国は世界中一種特別の国となれり。何となれば則ち世界何れの国に於ても、或は世教或は世外教を以て道徳を維持せざる者なきに、我が国独り道徳の標準となる者を亡失したればなり」と。そしてさらに西村はこういうのである。

「其の後に至り或は耶蘇教を説く者あり、或は西国の道徳学を講ずる者ありと雖ども、耶蘇教は仏教者力を極めて之れを排撃し、道徳学は唯学士の嗜好を以て之れを為すに止まりて、共に全国公共の教となること能はざるなり。是れを要するに封建の時代は儒道を以て公共の教と為し、政府人民皆之れを以て標準と為ししも、王政維新以来全く公共の教といふ者なく、国民道徳の標準定まらず、以て今日に至れり。」

明治日本に求められているのは「全国公共の教え」であり、「国民道徳の標準」である。では帝国大学の学士たちの道徳学、すなわち倫理学はこの要求に応えるものなのか。西村はにべもなくそれを否定する。それは「唯学士の嗜好」にとどまるものだと。これは帝国大学における新学問・倫理学に向けられた痛烈な皮肉である。たしかに大学の倫理学は、いま形成されつつある近代社会のための倫理学理論を用意するものであっても、国家の道徳的空白を埋めるべき国民道徳を作るようなものではない。だが国民道徳への要求は、『教育勅語』の発布（明治二十三、一八九〇）とともに、帝国大学における倫理学担当の教授たちに新たな課題、あるいは役割を付託していくことになるのである。すなわち『教育勅語』の趣旨にもとづく国民道徳論の講説者としての役割をである。早く『勅語衍義《ちょくごえんぎ》』(6)を著した井上哲次郎を代表的な講説者として国民道徳論は、やがて明治末年には高等学校・師範学校における必須科目となり、中等教育の試験科目となっていくのである。帝国大学や高等師範の倫理学担当の教授たちは倫理学とともに国民道徳論(7)をも講義することになるのである。教育体系における国民道徳論の成立は倫理学をも変質させていくことになる。あるいは国民道徳論が倫理学に浸透していったというべきだろう。同じ教授が一方で倫理学を語り、また他方で国民道徳論をも語るのだから、そうなるのは当たり前である。近代市民社会の倫理学《エシックス》が、近代国民国家日本の倫理学《りんりがく》へと変質していくのである。

3 「倫理《エシックス》」から「倫理《りんり》」へ

大西祝が「倫理学は行為を其の道徳的判別の辺に於いて攷究《こうきゅう》するもの、又は道徳的判別を行為に於いて攷究するもの也と謂ふを得べし(8)」というとき、その倫理学とはエシックスである。「倫理」あるいは「倫理学」とはエシックスの漢語による翻訳語として明治日本に成立した概念である。大西祝が倫理学をこのように説いた明治三十年代の同じ時期に、元良勇次郎は「倫理学は人倫の理を究め、且つ之を実行すべき方法を研究する学なりとす(9)」といっているのである。元良が説く倫理学とは、はたして大西と同じ倫理学であるのだろうか。元良において「倫理」はすでに「人倫の理」といいかえられているではないか。「人倫の理」としての「倫理」とは儒家的な伝統的概念における倫理である。元良が講説する倫理学は、あたかもいま成立した近代的学術・倫理学《エシックス》であるかのごとく思わせながら、実は儒家的な倫理概念によって再構成された近代的学術・倫理学《りんりがく》であるのだ。何が近代的であるかといえば、まさしくそれが近代日本の国家的要請に応える倫理的教説であることにある。元良の中等教育用のテキスト『倫理講話』はすでに家族倫理・社会倫理・国家倫理と分節化されているのである。

井上哲次郎らはEthicsの訳語として、「道徳学」でも「修身学」でもなく、「倫理学」をもってしたのである。そのとき儒家的伝統における倫理の意義は、エシックスを意味する新たな翻訳漢語「倫理」という語の底に埋められたのである。だが『教育勅語』の発布をもって国民における道徳的根幹の確立を求める明治国家の要請に応えようとする倫理学者たちは、「倫理学《エシックス》」の底に埋められたはずの儒家的伝統の倫理《りんり》を揺るぎ出させようとしたのである。しかしこれは儒家的概念の単なる復古的再生ではない。それはむしろ儒家的な概念による「倫理」概念の近代的な再構成である。この再構成作業を、十分な方法的な意識と思想的な準備をもって遂行していったのが昭和の倫理学者和辻哲郎であった。

『古寺巡礼』(大正八、一九一九)や『日本古代文化』(大正九)の著者であった和辻哲郎が西田幾多郎に招かれて、京都帝国大学の倫理学担当の助教授として赴任したのは大正十四年(一九二五)、三十六歳の時であった。彼はその後、昭和二年(一九二七)にドイツに留学し、翌三年の三カ月をイタリアで過ごして帰国する。ドイツ滞在時に和辻はハイデガーの『存在と時間』(一九二七発表)を知るのである。昭和六年、京大の倫理学教授藤井健治郎の死去にともない、和辻が倫理学講座の教授に昇任する。その三年後、昭和九年(一九三四)七月、和辻は東京帝国大学の倫理学教授に任ぜられるのである。それに先立つ同年三月に和辻は『人間の学としての倫理学』

を岩波書店から刊行している。この書の出版は、東京帝国大学教授としての和辻のデビュウを華々しく飾るものであったといわれる。いまここに和辻の経歴をやや詳しくいうのは、その『倫理学』をもって近代日本国家の倫理学を成立させるとともに、その墓碑銘をも刻んでしまった倫理学者の登場の時代を確認しておくためである。

ところでこの『人間の学としての倫理学』の原型をなすものは、昭和六年に岩波講座『哲学』に書かれた論文「倫理学――人間の学としての倫理学の意義及び方法[10]」である。彼はそこでEthicaの訳語としての「倫理学」についてこう書いている。

「しかしEthicaの訳語としてにせよ我々が「倫理学」の語を用ゐ始めたといふことは、すでにこの語の背負へる伝統を取り入れたといふことを意味する。のみならず倫理学といふ訳語を選定した時、人々はその原語たるEthicaが善或は当為をただ個人意識に於てのみ考究する学であると認めてゐるわけでもなかつた。人々は漠然と人間の道の学、或は道義の学といふごとき意味に於て「倫理学」といふ訳語を作つたのである。即ち倫理とは人と人との間の関係に存する道であつて、孤立させられた個人の意識内でのみ決定し得る道徳的価値のではない。ヘーゲルに従つてMoralität（主観的道徳意識）とSittlichkeit（客観化せられた理性的意志）とを別つならば、倫理はむしろ、Sittlichkeitに近いのである。だからたとひ倫理学といふ言葉がEthicaの訳語として造られたとしても、「倫理学」の語義及び概念が個人的・主観的ならざる人間の道の学、従つて我々の意味に於ける人間の学を意味することには何等不都合はないのである。」（傍点は和辻）

あえて和辻の文章を長々と引いたのは、二重の意識的な錯誤ともいうべき仕方で「人間の学としての倫理学」の立ち上げの内側がここに記述されていると見たからである。和辻はEthicaの訳語として「倫理学」の語を用いたとき、すでにそこに「人間の道の学」であることの意義が含意されていたといっている。だが和辻のそのいい方は、「人間の道の学」を含意する「倫理学」とは、ethicsの訳語として成立した「倫理《エシックス》」がその語の底に埋めてしまった「倫理《りんり》」をもう一度揺るぎ出させることによって成立してくる倫理学であることを、意識的にか見ないことの上にいわれるものである。たしかに和辻が担当することになった昭和の帝国大学における倫理学講座とは、すでに国民道徳論に浸透され、国家倫理学の性格を強くもった倫理学を講じる場であった。和辻にとってははじめから「倫理学《りんりがく》」があったのである。そしてさらに和辻のいい方は、「人間の道の学」としての「倫理学《りんりがく》」とは、「倫理学《エシックス》」を「当為をただ個人意識に於てのみ考究する学」として批判する彼自身において再構成される倫理学であることを隠しているのだ。「人間の学としての倫理学」とは、いままさに和辻によって作り出される昭和日本の倫理学なのである。彼はそれを「倫理」の語の解釈学的再構成によってはじめていく。解釈学とはここでは「人間の道」を「倫理」の語からあたかも歴史の古層のごとく読み出してしまう言語的詐術である。

4 「倫理」の解釈学

『人間の学としての倫理学』の冒頭で和辻は、「出発点に於ては我々はただ「倫理とは何であるか」といふ問の前に立つてゐる[11]」という。倫理学とは「倫理とは何であるか」を問うことであるという。これは自明なことのように思われる。だがはたしてそうか。倫理学とは「倫理」を問うことなのか。和辻はいったいどのように「倫理」を問おうとするのか。彼は「倫理とは何であるか」と問うことを、「我々は倫理といふ言葉によつて表現せられたことの意味を問うてゐる」と敷衍する。「倫理とは何であるか」という問いを、彼は「倫理」という言葉によって表現せられている意味を問うことへと置き換えるのである。これは「倫理」という言葉の解釈学的な問いへの置き換えである。まさしくそこには言語表現への解釈学的理解が前提されている。「それ（倫理という言葉）は一般の言語と同じく歴史的・社会的なる生の表現として既に我々の間に先だち客観的に存してゐるのである」と和辻はいうのである。「倫理」という言葉の意味を問うことが意味ありとされるのは、その言葉が歴史的・社会的な生の表現として解されるからである。あるいは、その言葉によって人びとがどのように生きたかが、その言葉の意味として読み出されるかぎりにおいてである。

ここにはディルタイ流の「生」の解釈学が前提にされている。二〇世紀初頭に成立するディルタイの解釈学(12)をもって、もっとも早く精神史・文化史的言説を日本で構成していったのは和辻であった。さらにここにはハイデガーが『存在と時間』で用いた語義論的な哲学的言説の分節化の手法がいち早く使われている。和辻は昭和の文化学的言説の構成者として、世界の時流に敏感なモダーン・ボーイであった。やがて刊行される和辻の主著『倫理学』上・中巻を見れば、それらがドイツの解釈学や現象学、さらにはフランスの社会学や民族学・民俗学など、同時代ヨーロッパの諸文化学の一覧表であるかのように思われるのだ。日本の文化的ナショナリズムにもとづく倫理学的言説の構成者和辻とは、同時代ヨーロッパの学術的・文化的言説の日本における共演者であったのである。昭和のファシズム期は日本における近代の達成期でもあったと私は見ている。ところで和辻はいま「倫理」という言葉の解釈から、倫理学の根底的なテーゼを分節化しようとしている。しかしそのためには「倫理」という言葉が、生の表現としてわれわれの言語空間に存在するものでなければならない。和辻はいうのである。

「倫理といふ言葉は支那人が作つて我々に伝へたものであり、さうしてその言葉としての活力は我々の間に依然として生き残つてゐるのである。この言葉の意味は何であらうか。その意味の上に我々はいかなる概念を作り得るであらうか。」

「倫理」という言葉はたしかに儒家的な概念である。だが間違ってはいけない、いまわれわれが使う「倫理」という言葉は、明治の西周や井上哲次郎らによって「物理」「心理」や「法理」などとともに翻訳語として作り出されたものなのである。その際、倫理や物理などが古く漢語としてあったかどうかが問われることではない。彼らによっていまethicsの訳語として「倫理」が、physicsの訳語として「物理」が採られ、用いられたことが問題なのである。この訳語として採用されてはじめて「倫理」は、近代日本の言語空間に存在するようになったのである。漢語としての倫理は、井上も『哲学字彙』で挙げている『礼記』中における「凡そ音は人心に生ずる者なり。楽は倫理を通ずる者なり」（楽記）[13]のような、数少ない用例しかない。『朱子語類』の「語句索引」[14]にも「倫序」の語はあっても「倫理」はない。もともと漢語における「倫理」とは、「物の筋目正しいこと」であり、「倫序」や「倫列」などと同類の言葉であった。それがやがて転じて「事物倫類の道理、人倫道徳の原理」を意味するようになったとされる（諸橋『大漢和辞典』）。しかし「人倫道徳の原理」とは近代の「倫理」概念だろう。ともあれ「倫理」という言葉は、中国の古典中にあって「人倫の道」とは別種の意味をもったものであったのであり、しかも決して数多く用いられるものではなかったのである。ましてや日本で活力をもって使われた言葉ではない。「倫理」はむしろ明治の井上らによってethicsの翻訳語として再発見、再構成された漢語である。それは「哲学」「科学」「化学」、そして「物理」「心理」「法理」などとともに明治日本によって作り出された近代漢語である。「倫理」「倫理学」が翻訳語として成立して、そこから「人倫道徳の原理」や「人倫の道の学」といった意味があらためて読み出されていったと考えるべきなのである。

だが和辻は中国に由来する「倫理」という言葉が、近代の日本になお活力をもって生き残っているとみなすのである。和辻の解釈学はその「倫理」という言葉の意味を読み出そうとするのである。それが読み出す意味とは、その言葉を使用してきた日本人の生き方であり、存在の仕方である。そこから新たな倫理概念も構成されるというのである。これは詐術に満ちた「倫理学」の出発である。なによりもまず「倫理」とは、日本人の間に活力をもって生き残ってきた言葉ではない。それは明治日本で作り出された近代漢語の一つである。したがって「倫理」の語の解釈をもって始まる「倫理学」の記述は、「倫理」の語を選択し、すでにもたれている「人間存在の理法」という解をあたかも日本人が「倫理」の語とともによく保持してきた人間存在の原理であるかのように説いていく詐術に満ちた記述となる。

注

（1）井上哲次郎の編集になる『哲学字彙』（東京大学三学部印行版）は明治十四年（一八八一）に刊行される。その後、井上と有賀長雄による増補改訂版が明治十七年（一八八四）に東洋館出版から刊行された。

（2）井上円了『倫理摘要』明治二十四年（一八九一）、哲学書院刊。巻末に「倫理試験問題」を付した教員養成用の倫理学教科書である。

（3）日本のアカデミズムにおける倫理学をめぐる状況は、最近にいたるまでほとんど変化はない。「生命倫理」「環境倫理」といった深刻な問題が提起されても、倫理学者はそれを己れの中心的な課題として担おうとはしていない。

（4）福沢『文明論之概略』第六章「智徳の弁」（岩波文庫版）。

（5）明治十九年（一八八六）十二月、帝国大学における西村の講演草稿を翌二十年に印刷に付したものが『日本道徳論』（初版）である。これは当時の政府、各省大臣などに広く配布されたが、時の総理大臣伊藤博文は新政を誹謗するものとしてこの書を強く非難したといわれている。本稿は『日本道徳論』（吉田熊次校訂、岩波文庫版）によっている。

（6）井上の『勅語衍義』は明治二十四年（一八九一）に六合館から出版され、毎年増刷されて明治四十五年には三十五版を重ねている。

（7）井上の『国民道徳概論』をはじめとして、吉田熊次、深作安文、吉田静致、亘理章三郎、藤井健治郎といった倫理学者による国民道徳の概論書が大正から昭和にかけて次々に刊行されていった。それが倫理学者和辻哲郎が登場する昭和十年代の倫理学界の状況であった。

(8) 大西祝『倫理学』明治三十六年(一九〇三)、警醒社。
(9) 元良勇次郎『中等教育倫理講話』明治三十三年(一九〇〇)、右文社。
(10) 岩波講座『哲学』(第二回配本)所収、昭和六年(一九三一)、岩波書店。
(11) 和辻哲郎『人間の学としての倫理学』(岩波全書版)、昭和九年(一九三四)。
(12) ディルタイ(一八三三—一九一一)の『解釈学の成立』は一九〇〇年に、『精神科学における歴史的世界の構成』は一九一〇年に成立する。
(13)「楽記」のこの文章を竹内照夫は次のように訳している。「およそ音楽の起こりを考えれば、それは人の心の動きによって生ずるのであり、従って音楽の原理は人情にも物の道理にも相通ずるものである。」(『礼記』中、新釈漢文大系28、明治書院)。
(14) 佐藤仁編『朱子語類(自第一巻・至第一三巻)語句索引』采華書林、一九七五。

解読8

「民族国家」の倫理学的形成（その二）

――和辻倫理学をめぐって・昭和日本の倫理学

「総じて人間が神聖なるものを自覚する場面は民族であり、その自覚を通じて神或は神々として把捉せられるものは民族の生ける全体性である。」

和辻哲郎『倫理学』中・第三章「人倫的組織」

1　「倫理」概念の再構成

和辻は「倫理」という言葉の「活力は我々の間に依然として生き残ってゐる」[1]といっていた。漢語「倫理」の既存性によって、「倫理」の言葉とともにその概念の日本人における生き残りをも和辻はいおうとするのである。だが和辻らに先立つ世代の井上哲次郎らによって死語「倫理《りんり》」の上に、翻訳語「倫理《エシックス》」が倫理学《エシックス》とともに作り出されたのではなかったか。近代日本に流通する漢語「倫理」とは、翻訳語としての新漢語「倫理《エシックス》」であるのだ。とすれば和辻のあの言葉は、意図してか、あるいは意図なしにか、漢語「倫理」をめぐる人びとの錯覚を利用したいわば詐術的言説だということになるのではないか。

「倫」とは仲間であり、人間の共同態を意味するとともに、その共同態の秩序、すなわち人間の道を意味すると和辻はいう。それゆえ「倫理」と熟する場合も、何ら意味の拡大をみせるのではなく、「倫」がすでにもっている道という意義を「理」によって強調するだけだという。「倫理」の語義のこのような読み出しの上に和辻は「倫理」概念を次のように再構成していくのである。

「我々は右の如き語義の上に「倫理」といふ概念を、主観的道徳意識から区別しつつ、作り上げることが出来る。倫理とは人間共同態の存在根柢として、種々の共同態に実現せられるものである。それは人々の間柄の道であり秩序であつて、それあるが故に間柄そのものが可能にせられる。倫理とは何ぞやといふ問に問はれてゐることは、まさにこの様な人間の道に他ならぬ。[2]」

和辻自身がここでいっているように、「倫理」概念をいかに再構成するかが問題なのである。「主観的道徳意識」を前提にした「倫理《エシックス》」としてではなく、それから区別された「倫理《りんり》」概念の再構築が問題なのである。和辻はすでに死語であるはずの儒家的語彙「倫理」から「人間の道」

という語義を読み出しながら、それを「人倫の理法」あるいは「人間共同態の存在根柢」として再構成していくのである。あたかもそれらは和辻に呼び出されるのを待って、「倫理」という言葉の中にもともとひそんでいた意義であるかのように。解釈学者和辻は、「倫理」という言葉を使う日本人の生活の底層における共同態意識を解読するかのように、「倫理とは人間共同態の存在根柢として、種々の共同態に実現せられるものである。それは人々の間柄の道であり秩序であるとその意義を解読するのである。「倫理」がすでに日本人の生活における言語ではない以上、この和辻の解読行為とは意義解釈を装った意義の再構成行為でしかない。それは「主観的道徳意識」からなる西洋近代の倫理学《エシックス》へのオールタナティヴとしての倫理学が、いまその基幹的概念として要請される「倫理」を再構成しようとする行為である。いま和辻はそれを日本人の言語的生活の底層から意味をくみ上げるようにして再構成しているのである。

「倫理」概念の再構成者和辻はいま文化解釈学者としてあるのである。あるいはむしろ文化解釈学者和辻が「倫理」概念の再構成者、すなわち新たな倫理学の形成者たろうとしているのである。

2 「人間」概念の再構成

「倫理」とは「人々の間柄の道であり秩序」であるとされた。新たな「倫理」概念は「間柄」

という共同存在としての人間にかかわる概念として再構成されるのである。この「倫理」概念の読み直しは、当然「人間」概念の読み直しをともなっている。この読み直しに当たって、漢語「倫理《りんり》」が過去から呼び戻されたように、漢語「人間」が呼び戻されるのである。人間とはもともと「人間《じんかん》」すなわち「世の中」であり「世間」であった。ところが日本人は人と人との間としての「人間」と個的な「人」とを区別することなく人間といってきたと和辻はいう。『言海』によると「人間《にんげん》」は、「（一）よのなか、世間。（二）仏経に六界の一、即ち此の世界、人間界、人界。（三）俗に誤て人《ひと》(3)」と説明されている。もともと「世の中」「世間」「人界」を意味する漢語「人間《じんかん》」を、日本人は「ひと」をも意味する人間と誤解して使ってきたのである。しかしこの日本人の誤解には重大な意味があるとして和辻はこういうのである。

> 「何故ならそれは数世紀に亙る日本人の歴史的生活に於て、無自覚的にではあるがしかも人間に対する直接の理解にもとづいて、社会的に起つた事件なのだからである。この歴史的な事実は、「世の中」を意味する「人間」といふ言葉が、単に「人」の意にも解せられ得るといふことを実証してゐる。さうしてこのことは我々に対して極めて深い示唆を与へるのである。もし「人」が人間関係から全然抽離して把捉し得られるものであるならば、Menschをdas Zwischenmenschliche から峻別するのが正しいであらう。しかし人が人間関係に於て

のみ初めて人であり、従つて人としては既にその全体性を、即ち人間関係を現はしてゐる、と見てよいならば、人間が人の意に解せられるのも亦正しいのである。だから我々は「よのなか」を意味する人間といふ言葉が人の意に転化するといふ歴史全体に於て、人間が社会であると共にまた個人であるといふことの直接の理解を見出し得ると思ふ。[4]」

単なる「ひと」ではないものとして「人間」概念を再構成するために和辻は、ここでも解釈学的に漢語「人間」の古義を読み出していくのである。「間柄的存在」としての「人間」概念をここで導き出すのは、言葉をめぐる意味の解釈学である。言葉の解釈学はだれにも分かりやすいように、同時に、だれもが簡単に欺かれやすいように、正当な意味を導き出すのである。まさしくその意味は、その言葉を使用してきた「日本人の歴史的生活」から解釈者によって導き出されるのである。新たに導き出された「人間」概念に正当性を与えるのは、「日本人の歴史的生活」の底層にまで及んだ解釈学的な意味の探査である。

ここには昭和前期、すなわち一九二五年から四〇年にいたる時期に形成される学問的言説の特質をめぐる問題が示唆されている。大正末年から太平洋戦争の開戦にいたる昭和前期とは、日本近代が一つのピークに達した時期であるとともに、日本ナショナリズムの最盛期でもあった。欧米的な近代を指してなされる「近代批判」が、昭和前期の言説の共通のモチベーションをなしていくのである。「近代の超克」とは昭和の一文学グループだけが掲げた標語ではなかった。それは昭和前期の哲学・文学・歴史学・社会科学などの学術的言説が多かれ少なかれ担った標語であったのである。そこからヨーロッパ的近代のオールタナティヴとしての「日本」が正当性をもって登場してくるのである。

和辻において「日本人の歴史的生活」から演繹された「人間」概念が正当性をもつのはこのようにしてである。かくて和辻はこの「間柄的存在」としての「人間」概念に基づいて日本倫理学を、西洋近代の倫理学《エシックス》へのオールタナティヴとして形成していくのである。和辻の『倫理学』は西洋近代の個人主義を批判する次の言葉から始まるのである。

「倫理学を「人間」の学として規定しようとする試みの第一の意義は、倫理を単に個人意識の問題とする近世の誤謬から脱却することである。この誤謬は近世の個人主義的人間観に基づいている。個人の把握はそれ自身としては近代精神の功績であり、また我々が忘れ去ってはならない重大な意義を帯びるのであるが、しかし個人主義は、人間存在の一つの契機に過ぎない個人を取って人間全体に代わらせようとした。この抽象性があらゆる誤謬のもととなるのである。(5)」

3　人間共同態の倫理学

『人間の学としての倫理学』をデビュウ作として昭和九年（一九三四）に東京大学文学部倫理学講座の教授に就任した和辻哲郎は、自らの倫理学の体系化に取り組んでいく。『倫理学』の上巻が刊行されたのが昭和十二年（一九三七）であり、その中巻は戦中の昭和十七年（一九四二）に刊行された。そして下巻が刊行されたのは戦後の昭和二十四年（一九四九）である。戦後、公職追放を免れた和辻が東大を定年退職するのが昭和二十四年であるから、『倫理学』上中下の三巻は東大教授在任中の和辻のすべてであるといってよい。その『倫理学』の上巻、すなわち和辻倫理学の原論というべき「人間存在の根本構造」を問うこの巻は近代の個人主義的人間観を批判する上掲の言葉をもって始まるのである。西洋近代の個人主義批判を有力なモティヴェイションとした倫理学は、当然、人間の共同的存在性、あるいは人間の共同体的存立に定位して形成されることになる。

ところで和辻における近代批判は、すでにいうように昭和前期の学術的言説に共通に見出される傾向であった。さらにいえばこの近代批判は、一九三〇年代ヨーロッパにおける反近代主義と傾向を同じくするものであるのだ。国家や民族の全体性と共同体への志向は、ドイツやイタリヤ、そしてソ連をも含めてヨーロッパの時代精神であったといえるだろう。すでに私は和辻のドイツ留学に触れながら彼が第一次大戦後ドイツの哲学や思想傾向を同時代的に体験していることをいった。このことは和辻の近代批判に動機づけられた倫理学の形成を、ヨーロッパの反近代主義的哲学や思想傾向との関連のもとで見る視点を与えるだろう。和辻の『倫理学』は人間共同体論という世界的な思潮に同時的に棹さしながら、それを倫理学的に再構成することで日本的な解答を提示していくのである。

和辻が人間共同体論を倫理学を構成する中心課題として叙述したのは『倫理学』中巻においてである。それは和辻倫理学の第一章「人間存在の根本構造」第二章「人間存在の空間的・時間的構造」（以上が『倫理学』上）に続く第三章「人倫的組織」である。この第三章は「家族」から「親族」「地縁共同体」「経済的共同体」「文化共同体」、そして「国家」にいたる共同体の諸形態とその倫理学的な意義を検討するものである。『倫理学』中巻を構成する第三章「人倫的組織」は、ヘーゲルの「人倫の体系」に示唆されたものとみなされている。たしかに和辻の「家族」から「国家」にいたる人倫的組織の体系を見れば、それがヘーゲルの示唆によることはだれにでも分かる。だが和辻におけるヘーゲルの示唆はその程度だといってよい。和辻のいう「人倫的組織」に、ヘーゲルにおける「精神」の現実体としての「家族」から「市民社会」、そして「国家」にいたる「人倫の体系」とそれを構成する弁証法的論理などがあるわけではない[6]。では和辻における「家族」から「国家」にいたる「人倫的組織」の体系化はいかにしてあるのか。

4 「公共性」と「私的存在」

和辻における「家族」から「国家」にいたる共同体の序列を構成するのは「公共性」とその欠如態としての「私的存在」という公私の論理である。「人倫的組織」を叙述する『倫理学』中巻の最終節「国家」の冒頭で和辻は、「我々は私的存在を媒介とする共同性の実現を家族より文化共同体に至るまで段階的に辿つて来た。共同体が「私」の超克に於て実現せられると共にそれ自身私的性格を帯びるといふことは、初めの段階ほど著しく、共同体が大となるに従つて稀薄になる」[7]と記すのである。公共性を欠如する私的存在としての共同体を媒介とする人間における共同性の実現過程を段階的にたどることが「人倫的組織」の体系的な叙述だというのである。そしてより大なる共同体において私的性格は稀薄になるというのである。和辻において共同体を体系づけるのは、このように公私の論理である。

だが「国家」とは「大家《おおやけ》」であり、「公」そのものではなかったか。とすれば国家に終局する人間共同体を公私の論理をもって段階的に記述することは、まったく見え透いた国家至上主義者の作業だということになってしまうではないか。だが和辻の『倫理学』はもう少し手が込んでいる。彼は「公共性」を、「参与の可能性であり、参与は公表や報道に於て可能にせられる」と定義するのである。そして「私的存在」についても、それを「公共性の欠如態」ととらえ、「参与の可能性が欠如するといふことは、本質的に参与が不可能になることではなくして、参与を欲せず、また参与を許さないといふことに他ならない。従つて公共性の欠如態とは、本質上公共的なるものに於てその公共性が拒否せられてゐることである」と和辻は説くのである。公的であることを参与の可能性において、私的であることを参与の可能性の欠如において規定する和辻の理解は、国家に代表される公権力の施行と機構への参与の有無による公人と私人との区別を思わせる。だが和辻が公共性を規定する参与の可能性とは、それが公表と報道に関連づけていわれているように、第三者あるいは外部者の参与の可能性である。彼のいう公共性とは公開性である。とすれば和辻が参与の可能性をもって規定する公共性とは、ドイツ語のÖffentlichkeitを前提にしたものだとみなされるのである。

ところで、民間の人びとの共同的生活圏が公共的意義をもってくるとき市民社会の成立がいわれるが、そこからすれば公共的であるとは社会的であることである。[8] したがってÖffentlichkeitとは公共性であるとともに、社会であり世間であり、人びとの共同的生活空間であるのだ。だが和辻はÖffentlichkeitから「参与の可能性」という公開性の意義だけを引き出して、むしろそれを「公共性の欠如態」という「私的存在」としての共同体概念の構成のためにだけ使っていくのである。「公共性（Öffentlichkeit）」という市民社会的概念は、反近代主義者和辻によって人びとの共同的生活空間の「私的」性格づけのためにだけ呼び出されるのである。

和辻のいう「公共性の欠如態」としての「私的存在」とは、他者の「参与を欲せず、また参与を許さない」共同体である。しかしいずれの共同体も限られた成員の参与という有限の公共性からなるとすれば、その公共性の限られた度合いごとに私的である共同体が存在することになる。だから和辻は、「家族、仲間、村落等の団体は、その成員に対しては公共的な場面であるが、然しより大きい公共性に対しては私的存在の性格を担ひ得るのである」というのである。このように「公共性（Öffentlichkeit）」の概念は和辻にあって、非公共的（nicht öffentlich）な、いいかえれば私的（privat）なものとして共同体を性格づけるためにだけ存在しているようである。「公共性」の概念はここでは、人びとの共同の生活体を「社会」として積極的に成立せしめるものではなく、むしろ「非公共性」としての「私的」性格を共同体に賦与するものとしてあるのである。

和辻は夫婦の二人共同体が、やがてその私的存在のあり方を止揚して親子の三人共同体を形成すると説く。「我々は親子の三人共同体がその相互媒介的な共同存在の形成により二人共同体の私を止揚すると共に更に新しく私的性格を帯びるといふことを明らかにした。それは共同存在の形成による人間の道の実現段階としては一歩を進めたものと見ることが出来る」。和辻が共同体を記述する公私の論理は、共同体の諸相の段階的な成立を説明する論理でもある。より公共的な地盤に新たな人間の共同性は実現されるが、しかしそこに成立する共同体も新しく私的性格を帯びるというのである。

和辻の家族から親族、地縁から文化にいたる共同体の諸相の記述は、社会学や民族学的な成果を豊富に引用して詳細をきわめている。だがその内容豊かな共同体の記述は、つねに共同体の私的性格をもって限界づけられるのである。これはいったい何なのか。

5　文化共同体としての「民族」

芸術活動に共同性を読んでいく和辻の記述を見てみよう。そこには倫理学者であるとともに文化解釈者である和辻の特質がもっともよく示されている。陶芸や彫刻・絵画などの芸術活動におけるある形の創出と、それが人びとに与える感動をめぐって和辻は書いている。「一体なにゆゑにその形は人々を感動せしめ得るのであらうか」という問いには二つの可能な答えがある。「人々は自ら追い求めてゐる理想的な形がそこに実現せられてゐるのを見て感動する」のか、それとも「曾て思つて見たことのない珍らしい形を突然眼の前に突きつけられて驚きの余りに感動する」のか、そのいずれかである。和辻はわれわれの答えは前者でなければならないとしてこういうのである。

「何故なら曾てその形を思つて見たこともないといふことはその形の意味を読み得ないといふことと同義だからである。とすると、作品に実現された形に感動する人々はこの形がかく実現せられる以前に、既に自らこの形を知つてゐたのである。作り手だけがこの形を心の中に持つてゐたのではない。然らばこの形は作り手も見物人も共々に追求してゐたもの、即ち共同追求の目標にほかならない。逆に云へばこの形が人々の追求の共同性を示してゐるのである。従つて作り手がこの形を素材の上に実現することは同時に共同性を実現することを意味する。[9]」

芸術家による個性的なものの形成が同時に共同的なものの形成であるところに芸術的形成の深い意味があると和辻はいう。芸術家は作品を作り出すことを通じて共同性を作り出すのだともいう。ではその共同性はいかなる範囲のものなのか。形のイデアを共有するような精神的共同の範囲を、和辻は「民族」としている。「芸術品による精神的共同の範囲もまたその自然の状態にあつては民族である。芸術活動は芸術の特殊様式を作ることに於て民族を作る」。和辻はこのようにして文化の共同性の成立する範囲を「民族」とするのである。

「文化の伝達がなだらかに行はれる範囲は、土と血との共同の範囲であるといふことが出来る。ホメロスの詩が最初流布した地中海沿岸は、ギリシア語を話し同じヘラスの族と信じ合つてゐる人々の住地にほかならなかつた。かくして文化共同体は一定の閉鎖性を形成したのである。これを我々は「民族」と名づける。……その民族の意義は右の如く「血と土との共同によつて限界づけられた文化共同体」として規定することが出来るのである。」

人間共同体のさまざまな成立を「公共性の欠如」の諸段階として追ってきた和辻は文化共同体を「土と血との共同の範囲」に限界づける。この範囲に限界づけられた文化共同体を「民族」と規定するのである。このことは文化と精神の同一性をもって規定される「民族」概念の成立だけを意味するのではない。文化共同体とは一定の個性をもった「性格共同体」であり、その文化共同体が民族であるとは、民族そのものが代え難い個性をもつことを意味している。かくて文化とともに民族もまた個性をもった特殊的存立の正当性が主張されるのである。それはだれに対して主張されるのか。それは民族の特殊性を抑圧する世界的普遍主義の主張者に対してである。

「民族の閉鎖性を嫌つて人類の立場に立つと自称する人々は、通例最も甚だしく民族的主我主義を発揮してゐる。といふのは、彼らは己が民族の個性を絶対視し、一切の他の民族の特殊性を認めず、かくして全人類をただ一つの民族の特性の中に強ひて引き入れようとする。それが彼らの人類の立場にほかならぬのである。或特殊な民族神が人類の神に押しひろげられる。或特殊な民族の言語が世界語として通用する。そこに民族の閉鎖性は破られた、と人はいふが、実は最も堅い閉鎖性が打ち立てられたのである。[10]」

西洋近代の普遍主義に対する悪罵を浴びせるようなこの激しい言辞を見よ。公私関係を共同体の段階的成立を説明する論理としながらも、公共性を欠如した私的性格をもって規定してきた和辻の共同体論は、文化共同体にいたって傲然と開き直るようにしてその閉鎖性をいうのである。「かくして文化共同体は一定の閉鎖性を形成したのである。これを我々は「民族」と名づける」と。この言辞には、一九三〇年代に日本の倫理学を形成してきた者の反近代主義的なパトスがこめられている。個人の道徳意識の学・倫理学《エシックス》に、共同体的な人間存在の学・倫理学《りんりがく》の形成をもって対してきた和辻は、文化共同体としての「民族」概念の構成をもって、その対抗的学説としての倫理学の最終的な答えを提示したことになるのである。

文化共同体としての「民族」とは精神共同体であると和辻はいう。「民族を純粋に文化共同体として把捉するならば、民族はまた本来的に精神共同体であるということになる。何故ならそれは宗教・芸術・学問等の共同体なのであり、さうした精神共同体はかかる共同体としてのほか存立し得ないのだからである」。和辻は『倫理学』の上巻においてまだNationを「国民」と訳し、「民族」と区別していた。しかし『倫理学』中巻で「民族」を文化共同体と解するにいたって、

Nationもまた「民族」とするのが適当だと思うようになったという。「国民の語は国家として己れを形成せる民族の意に限りたい」と和辻はいうのである。文化共同体あるいは精神共同体である「民族」が歴史の上に己れを実現していくのは「国家」としてである。

「国家」とは地上で実現される人間の共同性の最終の形態である。「国家」は己れのうちに包摂することであらゆる私的存在を「公」たらしめていくのである。「国家」は一国として閉鎖的に成立しながら、それ自体が「公」であるのはそれゆえであると和辻はいう。『倫理学』中巻の最終節「国家」は、国家論として議論すべき多くの問題をもっている。だがここでは、和辻における倫理学の形成とは、「民族国家」の倫理学的形成であることを確認することで終わりたい。最後に昭和十八年版『倫理学』中巻から一つの文章を引いておこう。もちろんこの文章は戦後版では修正されている。

「個人としての人格は、一切の「私」を去ることによつて、聖なるものとしての民族の全体性に帰一する。「私」を去ることは個性を没することではない。精神共同体の一員である以上、人格はあくまで個性的でなくてはならぬが、その個性的なるものがそれにも拘らず全一となるのは、まさに「私」を去る故なのである。[11]」

注

(1) 和辻『人間の学としての倫理学』岩波全書、一九三四。
(2) 同上書。引用文中の傍点は子安。
(3) ちなみに『言海』は「倫理」について、「人倫の道、(五倫の条を見よ)」としている。
(4) 前掲『人間の学としての倫理学』二「『人間』といふ言葉の意味」。
(5) 『倫理学』上、岩波書店、一九三七。引用は『和辻哲郎全集』第十巻(岩波書店、一九六二)所収のものによっている。
(6) ヘーゲルの「人倫の体系」については、島崎隆『ヘーゲル弁証法と近代認識――哲学への問い』(未来社、一九九三)参照。
(7) 『倫理学』中巻、岩波書店、一九四二。『和辻哲郎全集』第十巻に『倫理学』上として収められている第三章は戦後の修訂版である。ここでは一九四二年の原版を用いている。
(8) 市民社会と公共性概念をめぐっては、ハーバマス『公共性の構造転換』(細谷貞雄訳、未来社、一九七三)参照。
(9) 前掲『倫理学』中巻、第六節「文化共同体」。引用文中の傍点は和辻。
(10) 同上。ここに引くアングロ・サクソン的な自己中心的な世界主義の主張に向けられた和辻のかなり過激な批判的発言は、もとより戦後版『倫理学』からは削られている。
(11) 引用文中の「民族の全体性」を「生ける全体性」に修正するだけで、この文章は戦後版の『倫理学』中に存在する。和辻の倫理学とは、その部分的修正だけで戦後世界にも流通しうる性格をもっている。そのこと自体が和辻倫理学の再検討を要請している。

解読9

哲学というナショナリズム
——「種の論理」・国家のオントロジー

「国家こそ一切存在の原型とすべきではないか。」
田辺元「国家的社会の論理」

「決死は自分を向ふへ投げ出して死を脱却することである。」
田辺元「死生」

1 昭和十八年の哲学者

昭和十八年五月十九日、田辺元は京都帝大学生課主催の月曜講義で「死生」の題によって講演をした。(1) 西田幾多郎も昭和十三年にこの月曜講義で「日本文化の問題」の連続講演をしている。(2) 田辺自身も昭和十四年にやはり京大学生課主催の日本文化講義で「歴史的現実」の題で六回の連続講演をしている。(3) 時局に適ったテーマによる京大看板教授のこの講演は、学生たちを強く惹きつけるものであったであろう。だが昭和十八年五月の田辺の講演は、他の場合以上の意味を学生たちにもっていたはずである。昭和十八年とは太平洋戦争における日本の敗色がはっきりとしてきた年である。講演が行なわれた日の十日後、五月二十九日に人びとはアッツ島における玉砕の報を聞くことになるのだ。九月二十三日には学生の徴兵猶予が停止される。そして十月二十一日に出陣学徒壮行会が秋雨の神宮外苑で挙行されるのである。学生たちを待っているのは死であった。己れの近い将来に死をしか見出しえない学生たちにとって、「死生」の題による哲学者田辺の講演は何を意味したか。学生たちが求めていたのは己れの死の意味である。田辺の講演はその意味を語ると信じられたのである。『京都帝国大学新聞』は講演当日の様子をこう記している。

「田辺教授の第一講は講義一時間前に第一教室に立錐の余地なきまでに埋まり、そのため学外聴講者は第二、第三教室でマイクを通じて聴講する有様であつた。この学外聴講者の中には遠く福井県から来た人もあり、如何に今度の月曜講義が全国的に注目されてゐるかが窺ひうるだらう。(4)」

この講義室に溢れるように集まった学生たちの真剣な思いを、私は十分に想像できる。昭和十八年、小学高学年の私なども恐怖のうちに死を決意させられていたのである。ところで私がいまこのように昭和十八年五月の京大における講演会の様子を記すのは、この時、この日本で哲学する者とは何かを知るためである。田辺はこの時、学生たちが何を求めて、あるいはどのような問いかけをもってここに集まっているかを十分に知っていたはずである。彼らが求めていたのは、「国家のために死ぬこと」の意義である。たしかに戦時の国民として国に身命を捧げる覚悟はすでにできているはずであった。だから最初、田辺は講演の依頼を、「我々日本国民は今更死生の問題を考へるやうな必要はない」といって断ったのである。だがその覚悟にもかかわらずなお死の意味を聞きたいという彼らの要望を理解して田辺は講演を引き受けたのである。学生たちは「国家のために死ぬこと」の意義を、死を近い将来に迎えようとするその時に、あらためて哲学者に問うたのである。田辺はその意義を学生たちに語ることを肯んじたのである。これはすごいというより、すさまじいことだ。

昭和十八年という時期の日本で「国家のために死ぬこと」の意義を、戦地にやがて赴こうとする青年たちに語ることのできるような、そして彼らもそれを聞くことを願うような哲学と哲学者とが存在したのである。「国家のために死ぬこと」とは、ナショナリズムの極限的なテーゼであるだろう。田辺元の哲学はそれを語ることができ、それを語ったのである。

2　「死ぬことである」

田辺は「死生」の講演で三つの死についての立場を区別している。一つは自然の立場とか自然観的立場といわれるものである。第二は人間学的な自覚の立場である。そして第三は「何と名づけてよいかわからぬが、仮に実践的立場」といっておこうと田辺がいう立場である。

第一の自然的な立場というのは、生があれば自ずから死はあるものとして、運命的に生とともに死をも等しく受け入れようとする。あるいは生を必ずしも喜ばず、死をもあえて厭わないというように生死をともに関心の外に置いてしまおうとする立場である。第二の人間学的な自覚の立場とは、死が生にとっていつかは来る可能性であることを自覚し、可能性としての死に対して自己の存在を決定していこうとする立場である。この二つの立場において死は観念的であると田辺はいう。第一の自然的な見方において、死は一見実在的にみえて、「実は非常に抽象的に生と死が並ぶといふやうに考へるのであつて、観念的である。かかる立場で死を超脱出来ると観念しても、実際には未練がましい苦しい思ひをするかもわからない」と田辺はいうのである。死が観念的であるのは第二の自覚の立場においてもそうで、ここでは死はあくまで生の側から考えられている、あるいは死が生き方の上に引き寄せられているのである。たとえばハイデッガーのいう死とは「生の方から考えられた死で、この死を思想の上でこつちへ引寄せることは、死の理解にはなるであらうが、決して十分な意味で死の解放となるかは疑問である」と田辺はいう。では観念としてしか死をとらえない立場とは異なる立場があるのか。田辺はそれはあるという。第三の実践的な立場である。「それは死を観念化するのではなく、実際に我々が死ぬことである」と田辺はいうのである。

「武士道といふは、死ぬ事と見付けたり」とは、いうまでもなく『葉隠』の言葉である。「二つ二つの場にて、早く死ぬかたに片付くばかりなり。別に仔細なし。胸すわつて進むなり」[5]という言葉がそれに続いている。この『葉隠』もまた一九四〇年代の学生たちにとって免れない死への準備の書であった。岩波文庫版『葉隠』を嚢中にして戦地に赴いた青年たちは数知れないであろう。だが『葉隠』がいう「死ぬ事と見付けたり」とは、田辺のいう第三の実践的立場をいうように見えるが、むしろ第二の自覚の立場だとみなされるのである。死を日常の己れに引き寄せ、日常座臥、死に身になって生きることこそが武士道だと『葉隠』はいっているのである。とすれば、田辺が「実際に我々が死ぬことである」というとき、この言葉は「死ぬ事と見付けたり」をこえているのだ。山本常朝の『葉隠』は、主従関係を固い軸にして死に身になって生きることを説くのだが、昭和十八年の国家哲学者田辺元は、国家のために端的に死ぬことをいうのである。

「死ぬこと」だといっても、ただころりと死ぬことではない。あるいは覚悟のうちに死をもつことでもない。「人間は何時かは死ぬ、死は必然的に生に結び付けられてゐる、それに対して先廻りして覚悟するといふ意味での覚悟ではない」と田辺はいう。その意味での覚悟は観念的である。田辺は彼のいう「死ぬこと」を観念的な「覚悟」から区別して「決死」という概念をもっていいあらわしたいという。

「決死といふことは、もつと積極的に実践して、死が可能としてではなく、必然的に起ることを見抜いて、我々がなほそれをあへて為す時にいふのである。これは実際に生を死の中に投ずることであり、生きてゐながら死を観念的に考へることではない。自分は安全な生にゐながら死の可能性を考へることではない。必ず死ぬことがわかつてゐて、死は逃れ得ぬことを知つてゐて、なほ為すべきことを為す、実践すべきことを実践すること、我々の生を向ふの死の中に投ずることである。」

「死ぬことである」とは、死を覚悟することではなく、死の中に生を投じることである。「決死」とは死を実践することである。自分を死の中に投げ出しながら、なお自分が生きているとすれば、それは「死んだ私が生かされてゐるのであつて、その意味で再生、復活となる」のだと田辺はいう。ここにはすでに罪に死して大悲に生かされるという懺悔道の「死復活」の哲学に通じる論理がある。たしかに懺悔道の哲学への田辺の悔恨の歩みは、まさに始まろうとしているのである。[6]

昭和十九年の京大における田辺の最後の特殊講義は「懺悔道」であった。「死ぬことである」という言葉は、田辺の懺悔における死を孕みながら学生たちに向かって発せられるのである。

3　国のための当為としての死

実践的な死とは、自然的な死でもなければ、必然的な死でもない。そのために死すべき、当為としての死だと田辺はいうのである。「第三の実践的立場では、実践といふときは、そのために生を捧げるべきもの、そのために死すべきものをもつといふことである。死は生の果てに起るものではなく、そのために我々が死すべきものに死すといふ死に方である」と田辺は説いている。ではそのために死すべきとされるものとは何か。いうまでもなくそれは国家である。「いうまでもなく」というのは、田辺のこの講演を聞こうと集まった学生たちにとって彼らが死すべきなのは国家のためであることはすでに了解済みのことだからである。彼らが哲学者に求めているのは、「国家のためにいかにして死ねるか」である。あるいは「国家のための死」が、そのことにおいてもつ意義である。国家のためになぜ人は死ななければならないのか。この問いは、彼らに当為としての死を求める国家とは何かに行き着くだろう。田辺もまた最終的に国家を語ることになるのだ。死に対する先の三つの立場をふまえながら田辺はこういう。

「第一、第二の立場では、自然とか実在とか神とか絶対などが、人間と直接に関係し合つてゐるのが、第三の立場では、神と人間との間に国が挿まれる。そしてこのやうに神と人との間に国が入るのが、現実である。賢者は宗教的な信仰に於て直接に神や教祖のために身を捧げるであらうが、我々凡人が身を捧げるのは直接に神のためとは考へられない。国のためである。神は人が国に身を捧げ、国が人のもつ神聖性とか、仏教でいふ仏性《ぶっしょう》とか仏子とか、神の子とかいふ如き神聖なものを生かすことによつて、国が単に特殊な国といふ性質を越えて神を実現してゐるのである。(7)」

第三の実践的立場とは、いま学生たちに死生観を語る田辺自身の哲学の立場であり、学生たちにおけるその共有が期待されている立場である。それは当為としての死をいう立場である。あるいは、「そのため」に死すべきことをいう立場である。「そのため」とは「国のため」であることは、ここでは語るものと聞くものとにおいて了解されている。その「国」を田辺は、「神と人との間に挿まる国」というのである。それが「現実である」と田辺はいう。身を捧げることが、現実的な意味をもつのは国家に対するときだというのである。しかも神と人との間にある国であるからこそ、国のための主体的な投企としての死が神聖性をもつのだというのである。このことを理解するためには、上の文章に続く田辺の言葉を見なければならない。

「国が単に特殊な国といふ性質を越えて神を実現してゐるのである。神聖なもの絶対的なものであるといふ時は、神と国とが個人を通じて結び付くのであつて、人は国を通して現実に身を捧げるものとして具体的存在をもつてゐる。身を捧げるのが具体的意味をもつのは、国と神とが一に結び付けられた時、即ち神と国家が区別されつつ一つである時であつて、このことによつて人が国に身を捧げることにより神にふれ、神につながるのである。神、国、人間の三者は三一的統一をなして、どの二つも残りのものを媒介として結び付くのである。」

「国に身を捧げることにより神にふれ、神につながる」というような言葉を聞くと、いつから田辺は神国日本主義者、あるいは日本主義的基督者になったのかと疑うに違いない。学生たちもまた哲学者の口を通して語られる神国主義的な言葉を貴重なものとして聞いたかもしれない。私たちがいまこの言葉を見て、田辺を日本主義的基督者なのかと疑うことは間違いではない。田辺自身がみずからの国家哲学を、「私の国家哲学は恰も基督の位置に国家を置きて、絶対無の基体的現成たる応現的存在たらしめることにより、基督教の弁証法真理を徹底して、その神話的制限から之を解放する、といふ如き構造を有すると考へられる」(「国家的存在の論理」[8])といっているのである。この田辺哲学用語の「絶対無」を「神」に置き換えれば、上の「国に身を捧げることにより神にふれ、神につながる」といった言葉は間違いなく彼の国家哲学から導かれるものであることは明らかである。さらに上の神国的発言を弁証するものを「国家的存在の論理」から引いておこう。

「個体即全体の綜合に於て種的契機を類にまで止揚し、類的普遍の人類的立場に於て文化の主体たる個人と合一して之を組織する国家に於て、始めて特殊にして普遍なる具体的媒介が絶対と相対との間に成立する。基督教に於ける三位一体の精霊に当るものは、正に斯かる国家の自覚としての国家哲学でなければならない。」

私はこの文章を引くことによって田辺の「死生」論の種明かしをしている。「死生」論的言説の種明かしは必要なことである。だがこの引用はそれだけのためではない。田辺の国家哲学は、「国に身を捧げることにより神にふれ、神につながる」といった言葉を間違いなく己れのものとしていいうるものだということを示したいためである。それは間違いなく偽似神国主義的言説になるのである。田辺の国家哲学とは、「国のために死ぬこと」が「神（絶対）につながる」実践として説くものであるのだ。「国のために死ぬこと」の意義に向けられた学生たちの必死の問いに、田辺は己れの国家哲学をもって答えるのである。それは「神につながる実践」だと。

4　国家のオントロジー

当為としての死が向けられるものが国家であることは、昭和十八年、「死生」を語る側においても、聞く側においても自明であったと私はいった。しかし田辺元の哲学は、すでに「国家のために死ぬこと」を説きうるものとしてあったし、昭和十八年はむしろ「国家のために死ぬこと」の決意が「罪に死ぬこと」の懺悔になりかねない瀬戸際にあったのである。では田辺においてそ、、、、、、、、、、のために死すべきことをいいうる国家哲学の形成、彼において哲学することが国家のオントロジーを論述することになるのはいつからなのか。「国家が最も具体的な存在であり、正に存在の原型となるものである。いはゆる基礎的存在論は国家的存在論でなければならぬ」とは、昭和十四年、旧稿「種の論理」[9]の不足の補完を目的に書かれた「国家的存在の論理」の冒頭にいうところである。「種の論理」の成立をもって田辺の哲学はヘーゲルからも、ハイデッガーからも、そして西田からも独立した田辺哲学としての論理を具えるにいたったといわれる。[10]戦後の改稿版『種の論理の弁証法』の「序」で田辺は「種の論理」の形成期を回顧してこういっている。

「私は昭和九年から同十五年に至る間、自ら種の論理と呼んだ弁証法の論理の研究に従ひ、之をもつて国家社会の具体的構造を論理的に究明しようと志した。その動機は、台頭しつつあつた民族主義を哲学の問題として取上げ、従来私共の支配され来つた自由主義思想を批判すると同時に、単なる民族主義に立脚するいはゆる全体主義を否定して、前者の主体たる個人と、後者の基体とするところの民族とを、交互否定的に媒介し、以て基体即主体なる絶対媒介の立場に、現実と理想との実践的統一としての国家の、理性的根拠を発見しようと考へたことにある。(11)」

日本の国家的挫折を経た昭和二十一年十二月という時期を記したこの田辺の文章は、その時期からの回想として、当然、自己正当化的修正を含むとしても、彼における「種の論理」の形成の時期と動機と展開とを正確に語っている。国家的挫折にもかかわらず、己れにおける「種の論理」の形成を彼がこのように語り、改稿版『種の論理の弁証法』を発行しようとするのは、国家的挫折が「種の論理」の挫折とは見ていないからである。「種の論理の新しき立場に於ける方向付けは、種の論理の廃棄を意味せず、却てその発展を意味することは、私をして、愈々此論理の根本構造に対する確信を強めしむるに十分であつた」と田辺は同じくその「序」でいっているのである。この言葉は、罪に死すべき懺悔をいいながら、なお「種の論理」の確信をもちつづける田辺の哲学的営為とは何かを私たちに問わしめる。田辺哲学の成立を告げる「種の論理」とは、彼がいうように一九三〇年代の半ばから四〇年にかけての時期に形成、展開されていった国家哲学的な論理である。日本が民族主義を国家的同一性のイデオロギーとして形成しつつ、世界秩序の再編を要求する東アジアの帝国としての存在を明確にさせていった時期である。まさしくこの時期に田辺はその民族主義を己れの哲学の問題としようとしたのである。マルクス主義と歴史そのものによって歴史哲学へと自分の哲学的性格を変容させていった田辺が、民族主義を己れの哲学の問題としたのは彼の誠実さによる。ただ私は「誠実さ」を人格的評価としていっているわけではない。人間の宿命的というべき性格をいっているのである。誠実な人間が民族主義を己れの哲学の問題として引きうけ、「死すべき」ことを学生たちに語ってしまうのである。

「種の論理」とは、民族主義を己れの哲学の問題とした田辺が、「民族」を「種」と概念化しながら、国家を理性的に根拠づけるものとして構成していった哲学的論理である。

5　「種」の論理

民族主義を己れの哲学の問題とした田辺による「種の論理」は、たしかにさきの「序」にいわれるように批判的対象をもった論争的な哲学的言説の性格をもって展開されていった。「種の論理」の哲学的な論争対象としてあったのはヘーゲルであり、ハイデッガーであり、西田などであったが、もっと直接的には時代のイデオロギーとしての民族主義であり、近代文明世界における個人主義的立場であった。いまこれらを批判しながらなされる「種の論理」の展開を見てみよう。

「民族主義の政治的浪曼主義は個人主義の芸術的浪曼主義と対蹠的反対の方向を有するに拘らず、共に無媒介なる直接主義に依る特殊の普遍化、相対の絶対化として、同様に排斥せられなければならぬ。ただ種的基体と個的主体との否定的媒介を通じて類的国家の存在即当為的なる建設が、現実の主内容を成すと考へる立場に於てのみ、社会の存在と歴史の生成とが人間の行為に媒介せられて、基体即主体の転換的合一に依り、国家を最も具体的なる存在として思惟せしめるのである。[12]」

ここでいわれている「種的基体と個的主体との否定的媒介を通じて類的国家の存在即当為的なる建設」といった言葉は、そのどこに力点を置いて読むかによって昭和十四年の文章ともなり、昭和二十一年の文章ともなるであろう。絶対媒介の論理としての「種の論理」とはそのような性格をもった哲学的言説である。田辺が国家的挫折にもかかわらずこの「論理」の廃棄の必要を感じないといったのはそのゆえである。だが「種の論理」とは「種」の論理なのである。「種の論理」とは田辺が時代の民族主義を己れの哲学の問題としたことによって構成される論理である。「種」とは国家の同一的な存立基底をなす「民族《ネイション》」を、弁証法的な否定的媒介運動の一契機として再構成した概念である。田辺はこの「種」を一般向けの言説においては「種族」といっている。

個人に対して束縛的に働く共同的閉鎖社会は、歴史の展開過程でいろいろでありうる。そこでこの閉鎖的な社会を、「どんな場合でも包括する静的・抽象的或は寧ろ論理的な概念として種族といったのである」と田辺は一般学生向けの講義でいっている。[13]「種」とはなお「種族」であり、その「種族」は「民族」よりもいっそう自然的地盤による集団概念として田辺にとらえられている。「種族にとっては生命の共同と之を支える固有の土地とは離すべからざる関係がある。そこに今日強調される Blut und Boden 即ち人種的な血と、血の統一が支えられる土地とが、種族にとって根本的な意味をもつものになるのである。かかる自然的な地盤を無視して歴史を考える事は出来ない」と同じ講義で田辺はいっているのである。一九三〇年代ドイツの民族概念は、田辺の「種（種族）」の概念にはっきりと流れこんでいる。この「種（種族）」が存立基体であることによって国家は歴史における具体的存在であるのだし、その国家の成立を弁証する哲学的論理も歴史的で現実的な論理でありうると田辺はいうのである。

「種の論理」とは、「種（種族）」という自然的基体を不可欠な成立基盤とした国家の、理性的根拠をもった成立を導こうとする哲学的論理である。種族的国家の理性的な成立の論理が絶対媒介の弁証法であり、その成立を可能にするのは「種」と「個」との否定的媒介の運動である。それはさきに挙げた引用では、「種的基体と個的主体との否定的媒介を通じて類的国家の存在即当為的なる建設」という言葉でいわれているものである。さらにそれを敷衍すれば次のような言葉となる。

「種は他の種に対するが故に種であり特殊の内容を有するのであつて、同時に個はその生命の根源たり母胎たる種に属しながら、自由にこれに対立し、却て自己を種と否定的に媒介することに依つて、全個相即の類にまで種を高めるものであるから、必然に種の単なる特殊性を超えて特殊即普遍の立場に出て、他の種に属する個と共に、人類の文化的統一に入るのである。」（「国家的存在の論理」）

田辺自身によってこのように敷衍されるとき、「種の論理」の空疎な抽象的一面が一気に露呈されるだろう。ここでは「種の論理」とは哲学者の頭の中で構成された絵空事の論理である。昭和十四年の民族主義的国家日本で、「自由にこれに対立し、却て自己を種と否定的に媒介することに依つて、全個相即の類にまで種を高める」ことのできる個人などが存在することは許されない。可能であったのは国家的全体性への個の自己否定的な還帰だけである。そのことはまた田辺の「種の論理」という哲学的言説が「種（種族）」の論理であることによって告げざるをえないもう一つの現実的な側面でもあるのだ。

「国家はそれの種的基体の契機に於て、一般に民族宗教に於けると同様なる、個人の生命の母胎たる根源性を有する。これは個人の自己否定に依つて還帰すべき根源としての、絶対無の現成たる基体即主体の媒介存在たるべき理由を有すること、却て啓示宗教に於ける基督に存し得ない特色といはなければならぬ。」

国家とは「個人の自己否定に依つて還帰すべき根源」だという田辺のこの言葉は、学生たちに向けて「国のために死ぬこと」の意味として次のように語り直されるのである。

「国家の中に死ぬべく入る時、豈図らんやこちらの協力が必要とされ、そこに自由の生命が復ってくる。国家即自己といった所以であります。……歴史に於ける個人は縦《たと》い名もなき人であるにせよ、種族の中に死ぬ事によって、それを人類的な意味をもった国家に高めるという働きをなすという事が出来る。」(『歴史的現実』)

「人が国に身を捧げることによつて神につながる絶対化された立場から、翻つて国を神の道に一致せしめるやうに行為すること、即ち国をして真実と正義を失はしめざることが我々の本分なのである。」(「死生」)

田辺のこれらの言葉を学生たちは間違いなく「国家のために死ぬべきこと」の理由の提示として受け取ったであろう。田辺自身も己れの「種の論理」が、その理由を提示しうる論理であることを確信して語ったのである。しかし彼の「種の論理」が導いた学生たちの死は、意味ある死であったのか。彼らの無惨な死を、なお「国をして真実」ならしめる死であったというのなら、それは残忍な哲学の論理である。日本の国家的な挫折とともに挫折したのは「種の論理」であった。民族的国家日本のオントロジー「種の論理」は、廃棄されなければならないのだ。

注

（1）「死生」は大島康正の講演筆記によるものが全集に収められている。『田辺元全集』第八巻、筑摩書房、一九六四。

（2）講演筆記「日本文化の問題」は全集（『西田幾多郎全集』第一四巻、岩波書店、一九六六）にある。西田はこれを大幅に加筆増補し、『日本文化の問題』（岩波新書）として刊行した。

（3）この講演は主催者である京大学生課の手によってまとめられ、『歴史的現実』として岩波書店から昭和十五年に刊行された。ここではこぶし文庫版の『歴史的現実』（こぶし書房、二〇〇一）によっている。

（4）前掲『田辺元全集』第八巻の「解説」（大島康正）から引用。なおこの月曜講義は、田辺の「死生」を第一回とし、第二回、三回は鈴木成高の「大東亜戦争の歴史的考察」がなされ、第四回、五回は高坂正顕の

「日本的真理の現段階」がなされた。いずれも講義室に溢れるほどの盛会であったという。田辺は若い挑発的な京都学派の学者イデオローグの前座を務めさせられたのである。

（5）『葉隠』上、和辻哲郎・古川哲史校訂、岩波文庫、一九四〇。

（6）「懺悔道の哲学」が田辺のうちではっきりと思索されていったのは、一九四三年の末から四四年の初めにかけてであろうと辻村公一は推定している。辻村公一編『田辺元』（現代日本思想大系23、筑摩書房、一九六五）の「解説」参照。

（7）引用は『田辺元全集』第八巻所収の「死生」によっている。傍点は子安による。以下も同様である。

（8）「国家的存在の論理」『田辺元全集』第七巻、筑摩書房、一九六三。「国家的存在の論理」は『哲学研究』の昭和十四年十、十一、十二月号に発表された。

（9）「種の論理の世界図式」は『哲学研究』の昭和十年十、十一、十二月号に掲載された。

（10）辻村公一は前掲の「解説」で「「種の論理」は一般に、名実ともに備わった厳密なる意味での田辺哲学すなわち「絶対媒介の哲学」の論理であり、この独自な論理を具えることにおいて先生の哲学は西洋のすべての哲学のみならず西田哲学からも完全に独立した」といっている。

（11）『種の論理の弁証法』秋田書店、一九四七。

（12）田辺「国家的存在の論理」。

（13）田辺の学生向け講演記録『歴史的現実』。注3参照。

解読10

東洋民族協和と「国体」の変革
――橘樸「国体論序説」

「民族関係は「協」だ。社会関係は「共」だ。東洋ではそれが現実なんだ。」
橘樸・座談会「東洋の社会構成と日支の将来」

「遠く千余年前に発揚された八紘一宇の雄大な気象は決して島国根性に腐蝕されたわけではなく、寧ろその試煉に堪へたものが、支那事変といふ国家の大事に当りて燦然と触発されたと解すべきではあるまいか。」
橘樸「国体論序説」

1　橘樸は分かるか

橘樸《たちばなしらき》（一八八一―一九四五）とは何ものなのか。昭和前期の、ことに十五年戦争の全過程に、日本のいわゆる「大陸政策」の現場に橘は存在し続けている。その現場に彼はいかなるものとして存在したのか。橘は昭和十五（一九四〇）年五月に行なわれた検討会で、「私は元来、ジャーナリスト出身で、支那問題にジャーナリストとして半生を捧げたいつもりで、辛亥革命の当時、北京に入り込んだ[1]」と語っている。彼はやがて中国を根柢的に理解するには、「支那の社会を歴史的に明らかにすることが必要」だと気づき、「自然発生的」に経済史や経済学・社会学を自分の武器にして研究するようになったといっている。「橘樸」を項目として挙げている『大辞林』（三省堂）は、彼を「ジャーナリスト・中国研究家。大分県生まれ。早大中退。中国社会研究の先駆者」と説明し、『支那思想研究』など主著三冊を挙げている。橘自身も、自分はジャーナリストであり、中国社会の研究者だといっているのだから、この辞典の説明に間違いはない。だがこれによって、中国・満洲問題をかえりみる度に気がかりな発言者としてその問題の現場にいる橘樸という人物とは何ものであるかが分かったわけではない。

竹内好が彼の編纂した『アジア主義』（現代日本思想体系9、筑摩書房）に橘の文章を載せなかったことについて、弁明をしている。満洲事変の頃に書いた橘の文章の一つをそこに入れたいと思って、『満州評論』を何冊も借りて読んだのだが、「橘先生の面目が出ている文章を一篇だけ選ぶことができませんでした。どの論文も完成度が低くて、あまりに流動的である。結局、人間の方が大きくて、文章がそれを包括していない。橘先生という方は大きい野心を抱いておられたが、ついにそれを何分の一も表現しないで終られたのぢゃないか、という感を深くしました[2]」と竹内はいっている。この竹内の言葉を収めた『甦る橘樸』の編者は、「橘樸の日本思想史上の位置」といったタイトルを付しているが、竹内は一言もそんなことはいっていない。橘の文章そのものは、その背後にある彼の思想の「茫漠とした、果てしのない拡がり」を伝えるものではないといっているのである。「茫漠とした、果てしのない拡がり」とは、一般に中国大陸を形容する言葉であるだろう。その言葉を竹内は、現場的発言者・研究者として文字通り死ぬまで中国にかかわった橘に与えて、日本思想史の上に彼を位置づけることを断念したのである。

近世から近現代史へ視線を転じて以来、私にとっても橘樸は気がかりな人物であった。ことに近代日本のアジア認識をめぐって『環』（藤原書店）に連載[3]を始めた二〇〇一年一月以来、その一章は橘をめぐるものと私は予め決めていた。その翌年の春、時間をえた私はそれまで読みかけては中断してきた山本秀夫の『橘樸』[4]を読み終えた。これを読み終えたら橘をめぐって何かが書けると私は思っていた。だがそれはまったく逆であった。むしろ橘については書けないことを知ったのである。山本はその最後の章「敗戦—最期」を、「敗戦への時は刻々ときざまれていた。一九四五（昭和二十）年七月二十六日、橘は、最後の策を胸中にいだいて、北京を立ち青島に出て、海路大連に上陸した」と書き始めている。敗戦を間近にしての最後の策というのは、「関東州で何十年にわたって日本人と中国人とが養成してきた東亜人の親善関係だけがたよるべき力だ、それを拠点として日中共存を図るべきだ」というものであったと山本は書いている。この方策に私は呆然とするよりは、この方策を胸に病身を押して、昭和二十年七月という時期に関東州庁の首脳に説こうとする橘その人に対して呆然とした。橘はその後、八月に入るとソ連軍の情報などを集めにハルピンに行き、新京（長春）に戻ってソ連機による爆撃に会い、奉天（瀋陽）に避難し、そこで八月十八日のソ連軍の進駐に出会うことになる。そして十月二十五日の午後、橘は奉天の避難先の仮寓で病死する。死因は末期の肝硬変であったと診断されている。ソ連の進駐下の奉天で、彼の仮寓には毎夕のように人びとが集まり、時局の見通しや日本の対処すべき道についての橘の話しを聞いたという。山本が特に印象づけられたのは橘が、中共軍がやがて中国全土を制圧する見通しを、その戦略地図とともに語ったことだという。

私は山本の『橘樸』の「最期」の章を読み終えて、呆然とした。山本の描く橘樸という人物を前に私は途方に暮れた。これと同じ思いを、宮崎滔天の『三十三年の夢』の読後にも私はもった。なぜ日本の近代史は宮崎滔天や橘樸のようなほとんど終身中国にかかわりあうような人物を生み出したのだろうか。彼らの周辺にはさらに何十人、何百人という、同じように中国に生涯かかわり切った人物たちがいたことだろう。しかし宮崎滔天や橘樸のような人物を生み出したのは、この日本の近代である。東アジアにおける日本の、欧米の軍事力をともなった圧力による近代国家の形成が、このような人物を生み出していくのだろうか。宮崎や橘におけるようなアジア主義あるいは中国主義とは、近代国家形成の原動力である日本ナショナリズムがもつもう一つの側面なのか。しかしそうした私の日本近代史への推測的な読み込みを、彼らの桁外れの行動経歴が容易に乗り越えてしまうのだ。かくて橘を論じようとするその度に、私は手も出せないという感を強くするのである。私もまた竹内のように、橘における「茫漠とした、果てしのない拡がり」をいいながら、彼を論じることを放棄したい思いをたえずもたざるをえないのである。

2　昭和十六年の橘

私はたまたま橘の「国体論序説」を載せる『中央公論』のバックナンバーを入手した。それは昭和十六（一九四一）年の七月号である。もちろん橘の論文「国体論序説」は彼の著作集(5)に収められているし、それによってだれでも読むことはできる。だが私はこれが発表された時代的雰囲気のなかで読むことを願った。「国体論序説」を載せる『中央公論』は「支那事変第四周年特輯号」をうたっている。その巻頭論文は尾崎秀実《おざきほつみ》の「転機を孕む国際情勢と東亜」である。その尾崎がゾルゲ事件で検挙されるのは、三カ月後の十月である。この『中央公論』を手にして、そこに載る「国体論序説」によって、この切り口からとらえ難い橘樸を見てみようと私は考えた。この雑誌を古書販売展で入手したのは偶然である。だがこの偶然の入手をもたらしたのは、この数年来の私のいわゆる「支那事変(6)」への関心であり、日本ナショナリズムへの関心であり、アジア主義への関心であり、そして橘樸への関心である。そうした複合する関心をもつ私が手にした

「国体論序説」を、たとえその掲載誌の入手が偶然であったとはいえ、橘の思想世界に入っていくための入り口の示唆として私は受け取ったのである。

その昭和十六年（一九四一）という年は、いわゆる「満洲事変」の十年目（昭和六年九月、柳条湖事件）であり、「支那事変」の四年目（昭和十二年七月、盧溝橋事件）であり、そして対米英の宣戦が布告されたのはその年の十二月八日である。その年の十月十四日に、『満洲評論』の注目すべき座談会「大陸政策十年の検討[7]」が橘・尾崎・細川嘉六らによって開かれる。その翌日、すなわち十月十五日にさきにふれたように尾崎はゾルゲ事件で検挙されるのである。そして十一月には満洲で橘直系の弟子佐藤大四郎・田中武夫らを含む五十余名が関東軍憲兵隊に検挙される合作社事件が起きるのである。昭和十六年という歴史的、社会的に歯車が大きく転じていったその年に橘は、大車輪の執筆活動を始めるのである。山本が作る橘の年譜は、「この年から、『興亜』、『大陸』、『中央公論』、『改造』、『東亜連盟』その他の雑誌に多彩な執筆活動をはじめる。また多くの座談会などを通して一躍橘樸は当時のジャーナリズムの花形となった観がある[8]」と記している。ジャーナリズムの花形になった橘によって、その昭和十六年に書かれた代表的な論説が「国体論序説」である。

だが昭和十六年という歴史的な、そして橘周辺の状況からすれば、この時期の橘の言論的な昂揚は異様に見える。その二年前、昭和十四年に橘は心身の疲労から帰国し、新宿の高良興生院に入院しているのである。彼はその頃、友人に宛てて「支那事変といふ凶悪現象が突発して、精神的打撃を受け」たことをいい、そして年来の「動脈硬化及び脳神経の疲憊《ひはい》」に対する手当てのために東京に移転する決心をしたと書き送っている。(9)「支那事変」が勃発する昭和十二年から十四年にいたる時期、橘は心身ともに最悪の状態にあったのだろう。その状態にあっても橘は現地を視察し、「支那事変収束のための条件」を考え、収束のための工作的論説を発表したりしている。だが東京での入院を含む生活は橘にある変化を与えたようだ。高良興生院で橘は神経症の治療を受けたようだが、その院長が行動主義的立場を任ずる橘の言葉に、「外界を自分の観念に当てはめるのでなく、外界の変化に応じて自ら流転する。そこに積極的な活動と自由が生れる」という評語を付したことを橘自身が記録している。(10)退院後、橘は大原幽学の遺跡を訪ね、社会改革と農村振興の先覚者幽学を再発見したりしている。しかし何より橘のその後の言論的活動を方向付けたのは昭和研究会への参加であったであろう。

昭和十五年の春から橘は昭和研究会に参加するようになった。昭和研究会にはその内部に支那問題研究会があった。それが当時、東亜政治研究会に改組され、さらにその中に民族問題研究委員会が設けられ、橘はそれに参加したのである。その委員会は橘のほか岡崎三郎、尾崎秀実、平貞蔵、原口健三、細川嘉六ら八名で構成されていた。橘が元気を回復して最初に取り組んだのはその委員会における報告「漢民族―漢民族の性格とその重大問題の解説」であった。この昭和研究会への参加を通じて橘は尾崎や細川らと知り合い、彼らによって橘は中国社会と民族問題の精通者として言論界に導かれ、ジャーナリズムの花形を称される橘の活躍はここから始まるのである。だが昭和研究会への橘の参加は、ジャーナリズムへの彼の登場を促しただけではない。それは橘の言論をはっきり性格づけるものとしてあった。どのような性格としてか。近代日本の国策である大陸政策のいわば改革的同行者の言説という性格である。近代日本の基本的な国家戦略である大陸政策を、己れの言説展開の前提として自覚的にもった改革的議論の展開という方向を橘の言説はもっていくのである。

国策研究団体としての昭和研究会への橘の参加は、彼の言説に国策との強い連関をもたせていく。もちろん私は近代日本の学者・知識人による「支那・満洲・朝鮮」への研究的であれ、調査的であれ、評論的であれ、あらゆるかかわり合いは帝国日本の大陸政策と不可分であったと考えている。彼らがマルクス主義系の社会科学者であったか、純粋な社会学的農村調査の従事者であったかどうかとはかかわりはない。初期橘の中国社会への研究的関心も、当人の自覚の如何にかかわりなく、帝国日本の大陸政策と不可分であったのである。一般に近代日本のアジア主義も中国主義も、日本の大陸に向けての国家戦略を前提にしている。この大陸政策をもった日本の国家意識なしには、日本人によるアジア主義も中国主義も存在しないだろう。国策研究団体・昭和研究会への参加は、橘にこの関係を自覚化させたのだ。いま橘は己れの中国社会論や東洋民族論を、日本国家の大陸政策との現実的な連関をもって展開できる機会を与えられたのである。彼の周辺に迫る言論的閉塞の状況にもかかわらず、昭和十六年の橘がもった言論的な昂揚の理由はここにある。こうして「国体論序説」は橘によって書かれ、『中央公論』七月号に掲載されるのである。

3　「国体論序説」の位相

「平明な思想と言葉に依る明徴運動の提唱」という国体論的ファシストの言説と見まがうような副題をもった橘の「国体論序説」は、昭和十六年七月の「支那事変第四周年特輯号」をうたう『中央公論』に掲載された。その号の巻頭論文はすでに触れたように尾崎秀実の「転機を孕む国際情勢と東亜」であった。尾崎は欧州大戦がすでに世界秩序の再編をもたらすべき世界大戦へと展開している情勢をふまえて、東亜新秩序の創設を掲げて中国大陸で戦う日本が、その戦争を世界的戦略の一環として認識し、遂行すべきことを説くものであった。尾崎はそこで、「今次欧州大戦の持つ根本的な課題は世界新秩序創建であり、それは当然英米帝国主義の世界支配体制を清算し得るや否やの問題である」といっている。それに続けて尾崎は、「而して世界新秩序の一環たるべき東亜新秩序の建設は東亜民族の自主と独立を条件としてゐる」というのである。これらの言葉は、尾崎の国際情勢分析とそれから導く世界戦略とを端的に示すものである。ところで尾崎はその年の十月十四日、彼が検挙される前日に開かれた例の座談会で、「僕は何遍も繰返して言ふやうだが、満洲事変には日本人は気力を持つて戦つた。それで第二次世界大戦を戦ひ抜く、とことんまで戦ひ抜く気力がなければ嘘だと思ふ[11]」といっている。尾崎によるこの発言とさきの情勢分析とは表裏の関係にあるだろう。

いま私が橘の「国体論序説」を尾崎の発言との関係でいうのは、この時期における国策の改革的同行者たちの言説の位相を知るためである。上に垣間見た尾崎の国際情勢の認識とそこから導く世界戦略とは、それぞれにおけるニュアンスの違いはあれ、昭和研究会に属した国策の改革的同行者たちに共有されていたものであろう。彼らは「満洲事変」や「支那事変」を自己の言説の積極的な前提として語るのである。尾崎が「第二次世界大戦を戦ひ抜く」と発言した座談会の冒頭で鈴木小兵衛が、「日本を中心にした所謂興亜運動といふやうな発展過程、而もさういふやうな満洲事変、支那事変、最近の事変といふやうに発展して、所謂一つの運動として興亜の政治力の発展過程として経て来たと思ふのですが、云々」と総括していうように、日本の国策的な大陸政策の遂行過程をアジアの民族主義的新体制を創出する運動、「興亜運動」の過程として彼らはとらえるのである。「国体論序説」とはそのような国策の改革的同行者の一人である橘の言説である。

橘はこの「国体論序説」に先だって、同年五月に「民族的性格の改造」という論説を雑誌『大陸』に発表している。「支那事変を善用すれば、それは恐らく島国根性に最後の止めを刺すことが出来ると思ふ[12]」と橘はそこでいっている。「支那事変」とは橘らにとって、東アジア世界の民族主義的な変革と、その変革をリードすべき日本の国家改造の絶好の機会と考えられているのである。東亜新秩序の確立は、日本人の民族的自己改造を含んだ国家改造の成否にかかると橘らはいうのである。ところで、東亜の新秩序に向けての英米帝国主義との抗争的世界変革が、日本の資本主義的国家体制の国内的変革に連動するという認識、あるいはむしろ後者の変革なしに前者の変革もないという認識は、尾崎ら改革的同行者の共有するところであった。しかもこの認識は昭和研究会の改革的同行者だけに共有されるものではなかった。この時期の日本のマルクス主義者から国家社会主義者、全体主義的論者にいたる、既存の欧米的的世界秩序の変革を主張するものに多かれ少なかれもたれた認識であった。橘は昭和十六年日本のこうした言説配置のなかで、北一輝ばりの国家改造論、すなわち「国体論序説」を発表するのである。だが橘自身がこの国家変革を「昭和維新」と呼ぼうとするかぎり[13]、彼の「国体論序説」は北一輝の「国体論」(『国体論及純正社会主義』)の模倣的再生というよりは、むしろその正統的な、あるいはラジカルな継承をいうものだとすべきだろう。

4　「国体」改革の三原則

橘は「国体」概念を民族主義的に再構成する。「国体」を橘は、「日本民族が一つの独立した民族として生存するための基本的構造、及びそれから必然的に滲みだし、体系づけられたところの基本的思想」と解するのである。「あらゆる民族にはその生存の基調をなすところの組織と思想がなくてはならない」と橘はいい、中国にとってそれは王道であり、印度にとって無我思想であるように、日本にとってそれは「国体」だというのである。さらにこの「国体」を彼は「一君万民」的な天皇統治の集団組織とその思想と敷衍していく。そしてこの「国体」、すなわち天皇統治的民族集団の組織と思想には、三つの発展の法則があると橘はいう。

「一、民族組織の単純性（一君万民）を完成する傾向。この傾向を超階級維持性の法則と名づけよう。

二、全体と個体、即ち統制と自由との調和の法則。……ただ西洋が、個人主義と社会主義とに論なく、個体を基軸とするに対し、東洋は日本と大陸諸民族を通じて全体を主調とするところに、尚互に苟合《こうごう》することの出来ない間隙がある。

三、異民族との関係を規定するもので、仮りに民族協和、又は通称に従つて八紘一宇《はっこういちう》の法則と名づけよう。西洋の対立を原則とするに対して、東洋は融合を原則とする。満州建国の標語たる「民族協和」は当事者の企図したところは全くこの原則の実現にあつた。」

第一が、超階級的な性格をもった民族組織の維持の法則、国体論的用語をもっていえば「一君万民」の原則である。第二は、民族における全体性優位の共同体的な集団形成の法則。第三は、異民族との協和の法則、国体論的用語で「八紘一宇」の原則という。橘はこの三者を「国体」発展の基本的な法則ないし軌道だというのである。大化改新から明治維新にいたる「国体」の変革史から橘が導き出したこの三法則は、いま直面する「昭和維新」という世界史的意義をもった「国体」変革のための三原則でもあるのだ。その意味でこの三法則は、理念的な目標をもって戦略的に導き出されたものである。さらにこの三法則を説明する橘の言辞に明らかなように、この三法則を貫くのはヨーロッパの資本主義的な格差と対立とをもった階級社会、個人主義的原理からなる利益集団的社会（集合社会）の批判的超克の志向である。昭和十年代日本の時代思潮というべき「近代の超克」論は橘の「国体」変革の三法則をも貫いているのである。

ところでこの三法則は、一国的日本の「一君万民」的民族原則である第一法則と、多民族間の共存的協和をいう第三法則という簡単に調和しにくい二つのの原則を含んでいる。橘は第三原則を指して「八紘一宇」の法則と呼ぶが、しかし時代の国体論的標語「八紘一宇」とは帝国日本の支配的指導のもとにはじめて成立する東洋諸民族の協和的世界のあり方を意味していた。第一原則の「一君万民」的な日本国体の優越性のもとに、第三原則の「八紘一宇」的東洋世界は存在するとされるのである。だが橘のいう三法則は、この違和的な二原則を同時に成立させようとするものである。日本の国家的な変革が、同時に民族協和的東洋の成立であるような改革的軌道を示すのが、橘が説く「国体」変革の三法則であるのだ。そして橘において第一原則と第三原則との同時的成立を可能にするのが、第二の法則、すなわち東洋的社会の法則、あるいは東洋的共同社会の共通性をめぐる法則である。

5　東洋社会の再構成

橘が日本社会を共同体《ゲマインシャフト》的な集団形成の原理から基本的になるものと見出していった過程を語る彼自身の言葉をここに引こう。それは橘を招いて行なわれた検討会「東洋の社会構成と日支の将来」(14)における発言である。

「満洲事変が起り、それに関連して、日本に次から次へと現われてくる政治現象、思想というものをじっと見ていると、やはり私が支那で多年ぶつかって悩まされているのと同じもの、すなわち共同体性が、日本民族組織の何十年来の集合化傾向から抜け出して、現われて来たような気がするんだ。具体的には支那と大分違うようであるが、本質に於いては全く同じものだと終いには断じて来た。それで、私は東洋社会の本質を共同体と考え、それに対して、西洋社会の基礎的な社会紐帯は集合体だという結論にようやく落ち着いた。」

私がさきに「日本民族」概念の成立をめぐる章（「解読6」）で明らかにしたように、昭和の初年とはこの概念の成立期である。日本精神論的言説はこの概念の成立とともに展開されていく。この「民族」を文化共同体的概念をもって再構成していく作業もまた和辻らによって始められることも私はすでにのべた。橋が東洋社会を共同体《ゲマインシャフト》概念をもって再構成しようと考えるにいたったのも、昭和初年のこの同じ思想史的過程においてである。だが橋において違うのは、日本による「大陸政策」の遂行という政治過程に、すなわち「満洲事変」から「支那事変」へという事変の過程に橋が現場的な言論人として深くかかわっていたことである。その過程で直面した中国の民族主義こそ、橋に東洋社会の民族主義的再構成を促していくのである。中国社会と民衆を長く規定してきた郷家意識が新たな民族主義に出会うことで、いま近代的な民族意識として成熟する可能性が見えてきたことを橋はいうのだ。[15] それは孫文の民族主義の再評価としても表現される。「孫文の所謂民族はゲマインシャフトたる東洋的な民族であり、自身の力でかかる意味での民族国家を建設しようといふのが、取りも直さず彼の民族主義なのである」[16]。

「大陸政策」の十年を検討する座談会の最後で、橋はほとんど怒号するようにしていっている。「だから、日本の改造も、孫文式に民族全体のかまどの隅に至るまでも民族主義化してしまふやうな支那の統治を許すこと、それを許し得るやうな日本にならなければ駄目なんだ」と。では中国の、そして朝鮮の、また台湾の、さらに国内少数民族の自立性をも許し、それを指導しうる日本国家とはどのような国家であるのか。やはり橘の座談会の発言によってその国家像を見てみよう。

「これを要するに日本の国家性格を民族指導に適するように変え得たら広大な戦争の犠牲も惜しくないと思うのだ。」

「それが共同体としての国体組織、特殊なる民族組織を持つ典型的な共同体の姿だと思うんだ。そうしてこれはまだ動揺が来るか知れんと思う。生活保証の問題であるとか、労働者なんかにしろ、主婦層にしろ、広汎な大衆の中には、ボツボツ何か問題がありはしないかと思うが、そういうものに対して、天皇中心のピラミッド型の、共同社会は底知れぬ消極的の強さがあり、この強さは日本農家の裏口まで行きわたっておると思う。[17]」

「国体」発展の第三法則、すなわち民族協和の原則を可能にする第一法則がいう「一君万民」的民族組織とは、ピラミッド型の天皇中心の共同体的民族国家組織として提示されるのである。さらに橘はこの天皇中心の共同体的民族国家組織の範型は、軍人勅諭に示される「統帥権執行の国防軍組織」にあるといい、「この組織こそ立派な共同体だろうと思う」と同じ座談会で発言している。

東洋諸民族の自立を助け、民族協和の東洋を実現する日本とは、「大陸政策」を展開し、「支那事変」を遂行する日本である。橘の東洋民族協和の言説もこの日本、すなわち「支那事変」を遂行する日本を離れてはない。橘も尾崎も、日本は戦い抜けというのである。その戦いの勝利として橘がえがいたのは東洋諸民族協和の「王道」的世界であるだろう。だがその戦争を遂行しうる日本とは、「統帥権執行の国防軍組織」に範型をもつピラミッド型の天皇中心の共同体的民族国家組織でなければならないのだ。「国体論序説」が説くのはそのような「国体」変革の道である。民族協和の東洋像を描く橘が、その相関項として描き出すのは「一君万民」的共同社会《ゲマインシャフト》の日本像であった。

注

(1)「東洋の社会構成と日支の将来」と題された橘を中心に細川嘉六・平野義太郎・尾崎秀実を参加者とした検討会は、昭和十五年五月三十一日に東京・嵯峨野で行なわれた。同年七月の『中央公論』に掲載された。本稿における引用は尾崎秀実『現代支那論』(勁草書房、一九六四)所収のものによっている。

(2)これは橋樸追悼会(一九六四年五月十六日)での竹内の挨拶である。『甦る橋樸』(山本秀夫編、龍渓書舎、一九八一)所収。編者はこの竹内の挨拶に「橋樸の日本思想史上の位置」というタイトルを付している。

(3)この連載は、『「アジア」はどう語られてきたか――近代日本のオリエンタリズム』にまとめられ、藤原書店から二〇〇三年四月に刊行された。

(4)山本秀夫『橘樸』中公叢書、中央公論社、一九七七。橘の生涯にわたる中国での思想的、実践的活動を詳細に追跡した、すぐれた著述である。

(5)『アジア・日本の道』『橘樸著作集』第三巻、勁草書房、一九六六。

(6)私が「支那事変」という当時の呼称のままにいうのは、「支那事変」という呼称に結び付いている当時の日本人の意識や観念を問題にしているからである。「満洲事変」についても同様である。『橘樸著作集』はすべて「日華事変」と改めている。歴史的な当時の対中国意識や観念の読み間違いを読者にもたらしかねないこのような呼称の改訂に私は賛成しない。したがって引用に当たってはもともとの表記にもどしている。

(7)座談会「大陸政策十年の検討」は、『橘樸著作集』第三巻に収録されている。

(8)前掲・山本秀夫編『甦る橘樸』。

(9)昭和十四年の中野江漢宛書簡、前掲・山本『橘樸』から引用。

(10)橘の「興生日記抄」、山本『橘樸』から引用。

(11)前掲・座談会「大陸政策十年の検討」。

(12)「民族的性格の改造」『橘樸著作集』第三巻から引いている。ただし引用するにあたっては『著作集』で「日華事変」とあるのを、原文の「支那事変」にもどしている。

（13）橋は「国体論序説」でこういっている。「かくして日本は、千三百年前に大化改新を出発点として、東洋文化統合の輝かしい旅程に上つたやうに、今や近く資本主義止揚の昭和維新を敢行することによつて、世界文化創造の一層輝かしい旅程に上らうとして居るのではあるまいか」（『中央公論』昭和十六年七月号）。

（14）この検討会については注1参照。橋の発言の引用も、前掲・尾崎秀実『現代支那論』（勁草書房、一九六四）所収のものによる。

（15）橋は中国農民の郷家意識と近代的民族主義とは「長い間には当然合致して、支那の民族主義思想、近代的な民族意識といふものに成熟するのだといふ風に考へていいぢゃないかと思ふ」と長谷川如是閑との対談でのべている（「東洋に於ける民族と思想」『中央公論』昭和十六年三月、『橘樸著作集』第三巻所収）。

（16）「郷土社会論」（『橘樸著作集』第三巻）。この論文は昭和十九年五月大陸新報社刊『支那建設論』所載のものである。

（17）座談会「東洋の社会構成と日文の将来」より。

あとがき

本書はアソシエ21学術思想講座「日本ナショナリズムの解読」の十回の講義からなっている。一昨年（二〇〇五）十一月にその講座を始めたとき、十回の講義について私は確たる見通しをもっていたわけではなかった。近代日本の「ネイション」概念の形成をめぐって、「知の考古学」の方法をもって追跡してみようという程度の目論見しか私はもっていなかった。たしかに私はすでに本居宣長の古学に「やまとことば」という言語的同一性を具えた「日本」の発見のあり方を見出していた（『本居宣長』岩波現代文庫、二〇〇一）。また後期水戸学の会沢正志斎たちが、祭祀的国家の理念を近代日本のためにすでに用意していることを私はのべてきた（『国家と祭祀』青土社、二〇〇四）。あるいは福沢諭吉の文明論が、絶対無比の「国体」論や道徳主義的国家論といかに激しく抗争するものであるかを、私は『文明論之概略』に読んできた（『福沢諭吉『文明論之概略』精読』岩波現代文庫、二〇〇五）。だからこの講座の前期五回（解読1～5）については、すでに私に用意はあったということはできる。だがその後については漠然たる目論見しかなかった。

ちょうどこの講座を始めたころ、私はカタルニヤの民族学雑誌（Revista d'Etnologia de Catalunya）から「カルチュラル・ナショナリズムと日本人論」をテーマにした同誌特集号への執筆を依頼された。私は「「日本民族」概念の成立」をめぐる論文を書くことを約束した。その論文を私は昨年の三月までに書き終えて送ったが、この論文の執筆が私の講座「日本ナショナリズムの解読」の後期への展望を開き、後期の序論（解読６）をも構成することになったのである。「民族」や「日本民族」概念の成立を調べていくうちに、「ネイション」概念に対応するような十分な意義を具えたそれら概念の成立は昭和初期にいたってであることを知ったのである。

昭和初期とは、明治の国家形成期のナショナリズムとは異なったもう一つの、あるいは「日本ナショナリズム」と呼ぶべきナショナリズムの成立期である。昭和における帝国日本のナショナリズムが「日本民族」概念を構成し、己れの民族的・文化的・精神的同一性をめぐる考察を導くのである。日本思想史や日本精神史といった学術的言説の成立と「日本民族」概念の成立は同時期なのである。このことの認識は私に昭和の言説への視点をもたらした。一九四五年にいたる昭和前期に展開されるのは、哲学や倫理学というナショナリズムであり、文学や美学というナショナリズムであり、歴史学や社会科学というナショナリズムだということである。「日本ナショナリズムの解読」とは、そのことの解読でなければならない。こうして私の後期の解読作業が始まったのである。

「日本ナショナリズムの解読」とは日本ナショナリズムというイデオロギーの追跡ではない。昭和の学術的な、評論的な言説が、帝国日本の昭和という歴史的痕跡をもってどのように成立するかの解読である。ただここで私がやった解読作業は、ほんの一部の代表例にしか過ぎない。しかしこの解読作業は私に昭和の思想的言説への新たな分析視点とさらなる解読の意欲をもたらした。「近代の超克」論として昭和言説への新たな解読作業を私はすでに始めている。

最後に、東京水道橋のアソシエ21の狭いホールを一杯にして私の解読作業を共にしてくださった講座参加者の方々に心からお礼をもうしあげたい。私と同年齢の方々から大学院生まで、職業も考え方もさまざまな人たちが集まるその講座は、大学の教室とはまったく異なる雰囲気をもち、私に緊張感を与えるものであった。毎回、私は原稿を作って講座にのぞんだ。本書はほぼその原稿からなるものである。

出すことを望んでいる出版社から、著書を出版できることは著者にとっては、この上ない幸せである。白澤社の吉田朋子・坂本信弘の両氏にあらためて感謝したい。

二〇〇七年一月五日

子安宣邦

《著　者》

子安宣邦（こやす　のぶくに）

1933年生まれ。東京大学大学院人文科学研究科（倫理学専攻）修了。大阪大学名誉教授。思想史・文化理論専攻。
著書に、『「事件」としての徂徠学』（ちくま学芸文庫）、『本居宣長』『日本近代思想批判』『福沢諭吉『文明論之概略』精読』（以上、岩波現代文庫）、『江戸思想史講義』『漢字論』『宣長学講義』（以上、岩波書店）、『平田篤胤の世界』（ぺりかん社）、『鬼神論』（白澤社）、『国家と祭祀』（青土社）、『「アジア」はどう語られてきたか』（藤原書店）ほか。

日本《にほん》ナショナリズムの解読《かいどく》

2007年3月10日　第一版第一刷発行
2009年5月15日　第一版第二刷発行

著　者　子安宣邦
発行者　吉田朋子
発　行　有限会社 白澤社《はくたくしゃ》
〒112-0014　東京都文京区関口1-29-6　松崎ビル202
電話 03-5155-2615／FAX 03-5155-2616
E-mail：hakutaku@nifty.com
発　売　株式会社 現代書館
〒102-0072　東京都千代田区飯田橋3-2-5
電話 03-3221-1321（代）／FAX 03-3262-5906
装　幀　中村友和（ROVARIS）
印　刷　モリモト印刷株式会社
用　紙　株式会社山市紙商事
製　本　矢嶋製本所株式会社

 ISBN978-4-7684-7920-9